イラストでわかる

職場のリスクをゼロにする
監督者の安全衛生管理
改訂版

林 利成 著

日科技連

まえがき

　安全は企業経営の重要な基盤であり，企業の果たすべき重大な社会的責任の一つです．ひとたび重大な労働災害を発生させると，被災者とその家族をはじめ関係者に多大な苦痛を与えるばかりでなく，企業の社会的信用を失墜させ，社会の信頼を失うことになります．

　このため，企業はもとより，職場の第一線で働いている監督者には，作業者が「安全で，安心して働ける職場作り」を目指し，作業環境，作業条件，機械設備及び安全管理の仕組みの改善，向上を図ることが求められています．

　近年，安全管理については，リスクアセスメントが企業に導入され，危険性または有害性を見積もり，対策を立ててリスクを減少させ，リスクゼロを目指そうという安全の自主的活動が盛んになってきています．このリスクアセスメントの考え方は，安全衛生管理計画の策定，危険予知活動や作業手順書の作成などに取り入れられ根づきはじめています．

　監督者のみなさまは，このリスクアセスメントの目的と考え方をしっかり身につけ，職場のリスクをなくすように努めてください．

　本書は，監督者に「職場のリスクゼロ」を目指すための安全衛生管理の手法を習得していただくことをねらいとして，リスクアセスメントの考え方を取り入れた新しい安全衛生管理手法を解説しています．職場で監督者が行う監督・指示，適正配置，作業手順書の作成・実施，労働衛生管理，安全衛生点検，異常時及び災害発生時における対応について，リスクアセスメントの考え方をベースとして，最近の技術の進展や雇用情勢などを加味した新しい安全衛生管理への取り組み方を述べています．

　また，メンタルヘルスチェックの実施，化学物質のリスクアセスメン

トの義務化，高所作業におけるフルハーネス型墜落制止用器具の原則使用などの法令の改正についても組み入れています．

　監督者がこれらの手法やシステムとどう向き合い，どう取り組んでいくべきか，さらには監督者の役割は何かということをわかりやすく説いています．また，イラストを多く用いて，これらの内容が一目でわかるようにしています．

　本書が，監督者として活躍されている方はもとより，新しく監督者になられた方，あるいは監督者を目指している方にご活用いただき，新しい安全衛生管理の真髄をご理解いただき，「職場のリスクゼロ」を目指していただくことを切に願います．

　終わりに，本書の執筆に当たって関係資料を提供してくださった方々，イラストでご協力いただいた玉田仁志氏に厚く御礼を申し上げます．

2018年8月

東京安全研究所

所長　林　利成

目　次

まえがき ……………………………………………………… iii

第1章　安全衛生管理の重要性 ………………………… 1
1.1　安全衛生と社会的責任（4つの責務）　3
1.2　労働安全衛生法上の責任　10
1.3　安全衛生管理の組織　13
1.4　災害と事故　19
1.5　災害発生のメカニズム　20

第2章　監督者の立場，役割と責任 …………………… 33
2.1　監督者とは　34
2.2　監督者の役割と責務　34
2.3　監督者の進める安全衛生業務　37
2.4　安全衛生教育　40
2.5　災害防止の関心の保持と創意工夫を引き出す方法　50

第3章　監督者の監督・指示と適正配置 ……………… 55
3.1　日常業務の監督サイクル　56
3.2　指示の仕方　58
3.3　適正配置　60

第4章　監督者が進めるリスクアセスメント ………… 73
4.1　リスクアセスメントの概要　74
4.2　リスクアセスメントの進め方　84

4.3 化学物質のリスクアセスメント　98
4.4 リスクアセスメントの効果　100

第5章　作業手順　101

5.1 作業手順書とは　102
5.2 作業手順書の作り方　105
5.3 作業手順書の整理の仕方　109
5.4 作業手順書の見直し　109
5.5 非定常作業における作業手順書　120
5.6 リスクアセスメントを取り入れた作業手順書　122

第6章　機械設備の安全化　127

6.1 機械設備災害はなぜ発生するのか　128
6.2 機械設備の本質安全化　130
6.3 機械包括安全指針　132

第7章　労働衛生管理　137

7.1 有害作業環境とその管理　138
7.2 健康診断の実施　154
7.3 メンタルヘルス　160
7.4 快適職場作り　167

第8章　作業環境の改善　171

8.1 情報の収集　172
8.2 安全衛生保護具　174
8.3 整理整頓から5Sへ　189

目　次　vii

第9章　安全衛生点検 ……………………………………………… 195
9.1　安全衛生点検の必要性　*196*
9.2　点検の種類　*199*
9.3　点検時の心得　*204*
9.4　点検結果と改善措置　*207*

第10章　異常時及び災害発生時における措置 ……………… 209
10.1　異 常 と は　*210*
10.2　異常の発見　*213*
10.3　異常時の措置　*213*
10.4　労働災害発生時に行わなければならないこと　*215*
10.5　労働災害の分析と対策の立案・実施　*220*

第11章　労働安全衛生マネジメントシステムにおける監督者の役割 ……………………………………………………… 231
11.1　労働安全衛生マネジメントシステムとは　*232*
11.2　労働安全衛生マネジメントシステムの基本的な考え方　*235*
11.3　労働安全衛生マネジメントシステムにおける監督者の役割　*240*

参 考 文 献 …………………………………………………………… 245

第1章
安全衛生管理の重要性

企業の安全衛生管理の目的は，「人命尊重」と「企業の社会的責任を果たす」ことです．

　企業は，その事業活動を通じて社会に貢献していますが，従事している作業者が怪我をしたり，障害あるいは死亡災害に遭わないように，作業者の安全と健康を守ることが，まずは要求されます．これまで，どちらかといえば負傷・死亡災害の防止に重点が置かれてきたように思われますが，これからは，健康障害の防止にも力を注ぐことが大切です．粉じん，暑熱，騒音などの対策に加えて，主なものだけでも 50,000 種類を超えている化学物質に対する健康障害の防止対策は，特に万全を期す必要があります．

　また，企業は作業者を危険から保護するという安全配慮義務を負っています．この義務は，労働契約法第 5 条に，「使用者は，労働契約に伴い，労働者がその生命，身体等の安全を確保しつつ労働することができるよう，必要な配慮をするものとする」と定められています．

　ひとたび，死亡災害，重大な健康障害あるいは第三者を巻き込む災害を発生させると，マスコミなどを通じて社会的に糾弾されることになり，企業の信用は失墜することになります．人を大切にしない，安全配慮義務を果たせない企業は，品質の面でも問題を発生させていることが多いものです．作業者の安全と健康を確保してこそ，生産性や品質の向上が望めるのです．

　1906 年に US スチールのゲーリー会長が打ち出した「安全第一，品質第二，生産第三」という方針は，普遍性のある経営方針です．そのため，最近でも「安全第一」の表示を掲げている事業場が多くあります．

「安全第一」(セーフティー・ファースト)とは
　1906 年にアメリカの製鉄会社の最大手 US スチール社のゲーリー会長は，工場で怪我人が続出している現状を憂い，労働災害を減らすために会社の方針

を「安全第一，品質第二，生産第三」に切り替えました．

その結果，労働災害が減少したばかりでなく，品質も大幅に改善され，生産性も年々向上するようになりました．

この試みは，「ヒューマニズムに根ざした安全活動は，良い人間関係を生み，高い生産性に結びつく」ということを実証しました．

1.1 安全衛生と社会的責任（4つの責務）

作業者の安全衛生に関して，事業者には①行政責任，②刑事責任，③民事責任，④社会的責任という，4つの責任が課せられています．これらの責任は，企業，すなわち事業者に対して，作業者が安全で健康に働ける環境作りを課すものです．

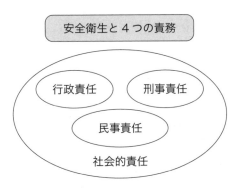

(1) 行政責任

労働安全衛生法(以下,「安衛法」という)は,事業者に多くの義務を課しています.なお,ここでいう事業者とは,安衛法第2条で「事業を行う者で,労働者を使用するものをいう」とされており,法人企業であれば法人そのもの,個人企業であれば事業経営主をいいます.

安衛法は,そのほとんどが,「事業者は,〜してはならない」あるいは「事業者は〜しなければならない」というように,事業者に対する責務を定めています.

1) 事業者の責務

事業者が作業者の安全衛生に関して講じなければならない措置は,次の7つです.

① 機械・器具,爆発・引火物,電気などによる危険防止の措置(安衛法第20条).

② 墜落,土砂崩壊など作業方法又は作業場所から生じる危険防止の措置(安衛法第21条).

③ ガス,粉塵,放射線,排気などの健康障害防止の措置(安衛法第22条).

④ 作業場所の通路,階段の保全及び換気,照明など健康保持に必要

な措置(安衛法第23条).
⑤ 作業行動から生ずる労働災害の防止(安衛法第24条).
⑥ 労働災害の急迫した危険があるときの退避の措置(安衛法第25条).
⑦ 労働者の救護に関する措置(安衛法第25条の2).

安衛法を受けて，その細則が労働安全衛生規則(以下，「安衛則」という)に定められています．たとえば，安衛法第21条を受けて安衛則第539条では，事業者の保護帽着用義務について，次のように定めています．

「事業者は，船台の附近，高層建築場等の場所で，その上方において他の労働者が作業を行なっているところにおいて作業を行なうときは，物体の飛来又は落下による労働者の危険を防止するため，当該作業に従事する労働者に保護帽を着用させなければならない」

2) 労働者の遵守義務

また安衛法は，第26条で作業者についても遵守義務を定め，「労働者は，事業者が講じる7つの措置に応じて，必要な事項を守らなければならない」としています．

(2) 刑事責任

　刑事責任とは，罰則規定のある法律に違反する行為に対して，刑罰をもって制裁することにより責任を問うものです．

　安衛法は，事業者責任を中心に定められて，労働災害が発生し，罰則規定に違反する場合は，送検されることがあります．特に，死亡災害及び重大災害(同時に3人以上の作業者が被災した場合)では，送検され処罰されるということが多く見られます．

　そのほか，死亡災害及び重大災害が発生していなくても，次の場合には処罰の対象になります．

① 危険な機械あるいは安全装置のない機械などについて使用停止命令，作業停止命令を受けたにもかかわらず，命令を無視して作業を続けている場合．

② 「労働者死傷病報告」を労働基準監督署長に提出しなかった場合(いわゆる労災隠しの場合)．

　安衛法は，実行行為者(工場長・作業所長・課長・監督者・職長など)が処罰の対象となるほか，両罰規定(安衛法第122条)が適用され，事業者も処罰されることになります．

　また，刑法の「業務上過失致死傷罪」で送検される場合もあります．刑法第211条では，業務上過失致死・傷害罪を規定していて，労働災害が発生した場合で，過失の疑いがあり，その過失が大きいときは，処罰されることになります．

(3) 民事責任

　労働災害で被災した作業者に対しては，労働者災害補償保険から補償がなされますが，これだけで民事責任が果たせるわけではありません．企業に何らかの責任がある場合には，民法にもとづく損害賠償を行わなければなりません．

民法にもとづく損害賠償責任は，不法行為責任と債務不履行責任の2つに分けられます．

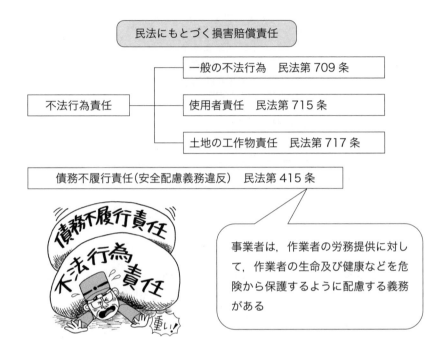

不法行為責任は，さらに①一般の不法行為責任(民法第709条)，②使用者責任(民法第715条)，③土地の工作物責任(民法第717条)の3つに分かれます．

債務不履行責任は，民法第415条に「使用者は，労働者の労務の提供に対し，労働者の生命及び健康等を危険から保護するように配慮すべき義務(安全配慮義務)を負っており，その義務を怠った場合は，債務不履行となり，損害賠償をしなければならない」と定められています．

この債務不履行責任で訴訟となった場合，立証する義務は使用者側が負うことになり，また消滅時効が10年と長いこともあって，多くの場合，被災者は債務不履行で訴えています．なお，不法行為責任で訴訟と

なる場合は，立証責任は被災者側になり，また消滅時効も3年と短くなります．

賠償責任の種類別　立証責任者及び消滅時効

賠償責任の種類	立証責任者	消滅時効 （主観的起算）	消滅時効 （客観的起算）
不法行為による損害賠償	被災者側	原則：3年 人の生命・身体の被害の場合：5年	20年
債務不履行による損害賠償	使用者側	5年	原則：10年 人の生命・身体の被害の場合：20年

　労働災害については，一般的には裁判になることは少なく，示談で解決することが多いのですが，年々その損害賠償額は高くなってきています．

　示談で解決する場合は，損害賠償額から労災保険からの給付を差し引いて行うのが一般的です．しかし，労災保険では慰謝料は支払われないため，死亡災害や障害等級の高い災害については，労災給付を差し引いた，いわゆる上積損害賠償額は数千万円になります．

損害額の内訳と負担

示談の場合，この部分の金額を上積損害賠償額として支払っていることが多い

(4) 社会的責任

企業の社会的責任(CSR：Corporate Social Responsibility)とは，「企業として，社会の要請に対応した責任を果たしていこう」とする考え方です．

すべての企業は社会と断絶して存在するわけではなく，社会の一員として事業活動を行っています．その中で，株主，顧客，従業員，地域社会などの利害関係者に対して，責任ある行動をしていこうというものです．

従業員に対する企業の責任としては，雇用と安全衛生を守ることがあげられます．火災，爆発など，多数の作業者が一度に被災する事故を発生させると，社会からその責任を厳しく問われるうえ，企業の信用と信頼を失墜することになります．そのため，「労働災害を発生させない」ということは，企業の社会的責任の中で大きなウエイトを占めています．

1.2 労働安全衛生法上の責任

安衛法において基本となるのは事業者責任ですが，混在作業となる職場の安全衛生管理を円滑かつ強力に進めるために，事業者責任のほかに元方事業者責任，特定元方事業者責任を課しています．

(1) 事業者責任

事業者とは，「法人企業であれば当該法人，個人企業であれば事業経営主」です．事業経営の利益の帰属主体そのものをこの法律の義務主体としてとらえ，その責任を明確にしています．

(2) 元方事業者責任

元方事業者とは，「事業者で，一の場所において行う事業の一部を請負人に請け負わせて，仕事の一部は自ら行う事業者のうち最先次のもの」をいいます．

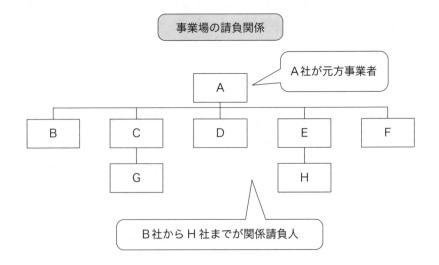

> **「一の場所」の範囲とは**
> 　請負契約関係にある数個の事業によって仕事が相関連して混在的に行われる場所をいいます．以下に一例を示します．
>
> ［化学工業関係］
> - 製造施設作業場の全域 ⎫
> - 用役（ユーティリティ）施設作業の全域 ⎬ または 化学工業事業場の全域
> - 入出荷施設作業場の全域 ⎭
>
> ［鉄鋼関係］
> - 製鋼作業場の全域 ⎫
> - 熱延作業場の全域 ⎬ または 製鉄所の全域
> - 冷延作業場の全域 ⎭
>
> ［自動車製造業関係］
> - プレス・溶接作業場の全域 ⎫
> - 塗装作業場の全域 ⎬ または 自動車製造事業場の全域
> - 組立作業場の全域 ⎭

元方事業者の責務として，
① 関係請負人及び関係請負人の作業者が，安衛法などに違反しないよう必要な指導を行うこと
② 関係請負人及び関係請負人の作業者が，安衛法などに違反していると認めるときは，是正のための必要な措置を講じること
の2つがあります．

製造業の元方事業者については，「その労働者及び関係請負人の労働者の作業が同一の場所において行われることによって生ずる労働災害を防止するため，作業間の連絡・調整その他必要な措置を講じなければなれない」とされ，次の措置義務が課せられています．
① 作業間の連絡及び調整．
② クレーン等の運転についての合図の統一．

③ 事故現場の標識の統一など．
④ 有機溶剤等の容器の集積箇所の統一．
⑤ 警報の統一など．

作業間の連絡及び調整とは

　混在作業による労働災害を防止するため，次の事項を実施することをいいます．
- 各関係請負人が行う作業の段取りの把握．
- 混在作業による労働災害を防止するための段取りの調整．
- 段取りの各関係請負人への指示．

(3) 特定元方事業者

　特定元方事業者とは，「元方事業者のうち建設業及び造船業の事業を行うものをいう」とされています．特定元方事業者には，事業場の統括安全衛生管理責任が課せられています．

1.3 安全衛生管理の組織

　安全衛生管理を効果的に継続して行うためには，その事業に適応した安全衛生管理組織が必要です．また，安全衛生管理組織には，ライン型，スタッフ型，ライン・スタッフ型がありますが，ラインとスタッフが協力して安全衛生管理が進めるライン・スタッフ型が一般的です．

組織の種類

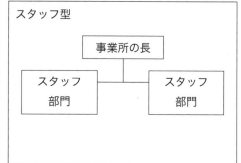
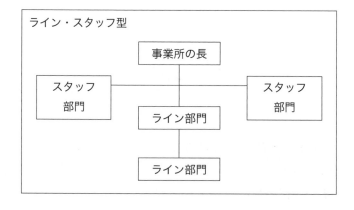

(1) 事業場の安全衛生組織

ラインとスタッフが協力して，職場の安全衛生管理を推進している事業場が多く見受けられます．これは，ラインだけ，あるいはスタッフだけの安全衛生管理を試行して，ラインとスタッフが協同して管理するのが最もよい方法という結論に達したからです．

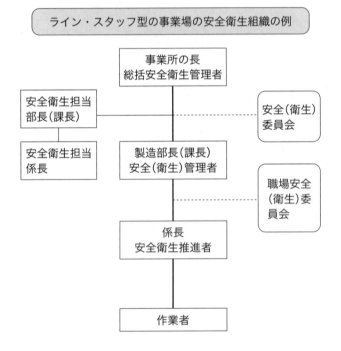

(2) 安衛法に定められている安全衛生管理組織

製造業(造船業を除く)の安衛法に定められている安全衛生管理組織は，その規模(労働者数)により次の3つに分かれます．

1.3 安全衛生管理の組織

> 安衛法に定められている安全衛生管理組織

① 労働者300人以上の事業所

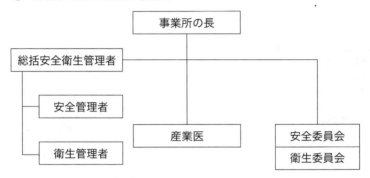

② 労働者50人以上300人未満の事業所

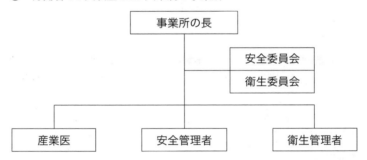

③ 労働者10人以上50人未満の事業所

(注) 安全委員会は，化学工業，鉄鋼業，金属製品製造業などの業種では50人以上で，それ以外の業種では100人以上で設置する．安全委員会と衛生委員会の設置に代えて「安全衛生委員会」を設置することができる．

第1章 安全衛生管理の重要性

事業所における安全衛生管理体制

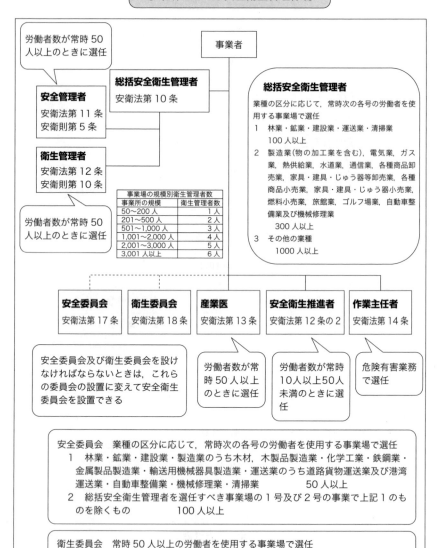

1.3 安全衛生管理の組織

1) 総括安全衛生管理者・安全管理者・衛生管理者・安全衛生推進者の職務

総括安全衛生管理者などの職務は，次のように定められています．

総括安全衛生管理者，安全管理者，衛生管理者，安全衛生推進者の職務

責任者名	職務内容
総括安全衛生管理者	・安全管理者，衛生管理者の指揮 ・次の業務の統括管理 　労働者の危険又は健康障害を防止するための措置 　労働者の安全又は労働衛生教育の実施 　労働災害の原因の調査及び再発防止措置 　安全衛生の方針の表明に関すること 　リスクアセスメントに関すること 　安全衛生に関する計画の作成，実施，評価及び改善に関すること 　その他労働災害を防止するために必要な業務
安全管理者	・作業上の巡視 ・労働者の危険を防止するための技術的事項に関すること ・労働者の安全教育・訓練 ・労働災害の原因の調査及び再発防止対策 ・安全衛生の方針の表明の技術的事項に関すること ・労働安全衛生マネジメントシステムの技術的事項に関すること ・消防及び避難の訓練 ・作業主任者その他安全補助者の監督 ・安全に関する資料の作成，収集及び重要事項の記録
衛生管理者	・労働者の健康障害を防止するための措置 ・労働者の衛生のための教育の実施に関すること ・健康診断の実施その他健康の保持増進のための措置に関すること ・労働衛生に関する計画の作成，実施，評価及び改善に関すること
安全衛生推進者	・施設，設備などの点検及び使用状況の確認とその結果に基づく必要な措置 ・作業環境の点検及び作業方法の点検とその結果に基づく必要な措置

2) 危険有害な作業であって特別の管理を行う必要がある場合の責任者

危険有害な作業を行う場合には，作業主任者の選任，作業指揮者の指名が義務づけられています．

危険有害な作業であって特別の管理を行う必要がある場合の責任者	
作業主任者	業種や規模に関係なく，法令で定められた危険有害業務を行う場合に選任する．作業により免許または技能講習修了者の資格が必要となる． 職務は，労働者を直接指揮するほか，作業方法の決定，安全措置の点検などである．
作業指揮者	業種や規模に関係なく，法令で定められた危険有害業務を行う場合に指名する．資格の定めはないが，指定する作業の安全に関する知識，経験を有している人を指名することが必要である．

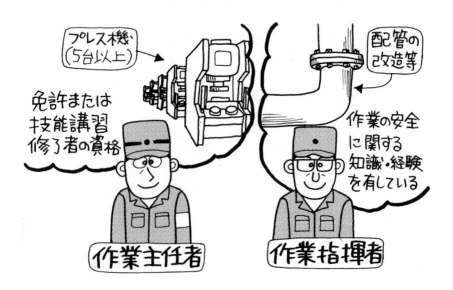

1.4 災害と事故

生産活動の場では，ときとして事故・災害が発生します．生産活動にともなって発生する人的，物的損害を，一般的に産業災害といいます．

労働災害は，この産業災害のうち，作業者の生命及び身体に損害が生

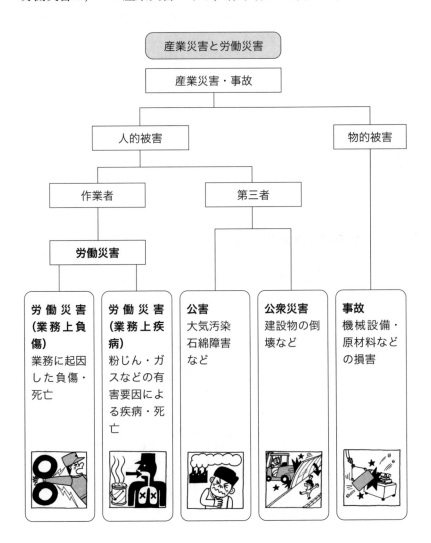

じる災害のことをいいます．労働災害には，身体に対する損害として，死亡，負傷災害はもちろん，有害物に長期にわたって暴露されることによって生じる健康上の障害(じん肺・振動障害・難聴)などの職業性疾病も含まれます．

産業災害は，人的被害をもたらすものと，物的被害をもたらすものに分けられます．人的災害は，被災者が作業者か第三者であるかによって，労働災害と公害・公衆災害に分かれます．

労働災害

安衛法第2条では，労働災害を次のように定義しています．
「労働者の就業に係る建設物，設備，原材料，ガス，蒸気，粉じん等により，又は作業行動その他業務に起因して，労働者が負傷し，疾病にかかり，又は死亡することをいう」

1.5 災害発生のメカニズム

(1) ハインリッヒ5つの駒理論(ドミノ理論)

この理論は，労働災害が発生する過程は，5つの要素(①家庭及び社

会，②人間の欠陥，③不安全状態や行為，④事故，⑤傷害)が駒を並べたように連なっているので，それらの駒(要因)のうち，1つでも取り除けばドミノ倒し的進行は食い止められ，災害は起こらないというものです．

この理論は，家庭及び社会の影響を災害発生要因の1つに加えていることと，災害の発生をドミノ現象としてとらえたところに特色があります．

(2) 直接的原因・間接的原因理論

災害の発生を直接の原因と，直接原因の背景にある間接的な原因に分けて分析する方法です．

直接的原因とは，「危険箇所に近づいた」，「安全通路を通らなかった」「所定の重量以上のものを運搬した」など，直接労働災害に結びつく原因のことです．

一方，間接的原因は，「納期が迫っていたため焦りがあった」，「被災者の体調が悪かった」，「いつも作業している機械の調子が悪かったので，ほかの機械での作業となった」など，災害の背景にある原因のことをいいます．

間接的原因を広くとらえることで災害に至った背景が浮かび上がります．

直接的原因とは
- 不安全な状態・環境の物的原因．
- 不安全行動などの人的原因．

間接的原因とは
- 機械設備の設計不良などの技術的原因．
- 安全衛生に関する知識，教育の不足．

- 疾病・疲労などの身体的原因．
- 錯覚・知覚的欠陥などの精神的原因など．

災害は，この直接的原因と間接的原因が絡み合って発生します．

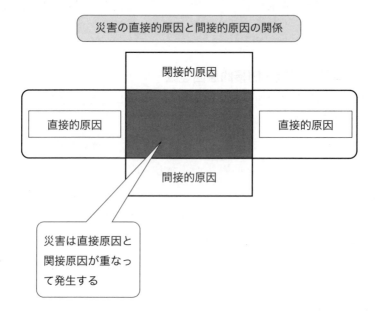

(3) 物・人・管理欠陥理論

物の不安全な状態，人の不安全な行動，管理上の欠陥の３つが原因となって，災害が発生するという理論です．

作業現場の安全管理の実態に合わせた分類方法であり，監督者にも受け入れやすいものです．

1.5 災害発生のメカニズム

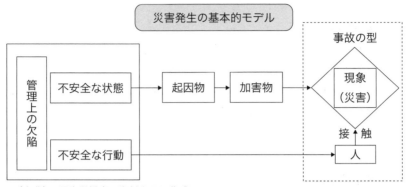

(出典) 厚生労働省の資料を元に作成.

1) 物の不安全状態と人の不安全行動

　製造業での4日以上の死傷災害を分析したところ，不安全状態が原因となったものが80％以上あり，不安全行動が原因となったものは，90％以上あったとの報告もあります．したがって，労働災害は，そのほとんどが不安全状態か，不安全行動に起因しているといえます．不安全状態とは，事故・災害の要因を作り出した欠陥のある機械・設備や環境のことをいいます．

　不安全行動とは，ルール無視などの事故・災害の要因を作り出した作業者の行動のことをいいます．

不安定状態とは
- 物自体の欠陥，防護措置の欠陥．
- 物の置き方・作業場所の欠陥，作業環境の欠陥．
- 保護具・服装などが指定されていない状態．
- 作業環境の欠陥，作業方法の欠陥．
- 自然の危険など．

不安全な行動とは
- 安全装置を無効にする．
- 安全措置の不履行．
- 不安全な状態の放置．
- 危険な状態を作る．
- 機械，装置などの指定外の使用．
- 運転中の機械，装置などの掃除，注油，修理，点検など．
- 保護具，服装の欠陥．
- 危険場所などへの接近．
- その他の不安全な行為．
- 運転の失敗(乗物)．
- 誤った動作．
- その他．
- 分類不能．

（厚生労働省の分類方式）

2) 事故の型と起因物

物と人が接触する現象を事故の型といいます．起因物とは，災害をもたらすもととなった機械，装置もしくはその他の物，環境などをいいます．

事故の型とは
- 墜落・転落．
- 転倒．
- 激突．
- 飛来・落下．
- 崩壊・倒壊．
- 激突され．
- はさまれ．
- 巻き込まれ．
- 切れ・こすれ．
- 踏み抜き．
- おぼれ．
- 高温・低温物との接触．
- 有害物との接触．
- 感電．
- 爆発．
- 破裂．
- 火災．
- 交通事故（道路）．
- 交通事故（その他）．
- 動作の反動・無理な動作．
- その他．
- 分類不能．

（厚生労働省の分類方式）

起因物とは

動力機械	原動機	その他の装置など	電気設備
	動力伝導機械		人力機械工具
	木材加工用機械		用具
	建設用など機械		その他の装置・設備
	一般動力機械	仮設物・建築物・構築物	
物揚げ装置運搬機械	動力クレーンなど	物質材料	危険物・有害物など
	動力運搬機		材料
	乗物	荷	
その他の装置など	圧力容器	自然環境など	
	化学設備	その他	その他の起因物
	溶接装置		起因物なし
	炉窯		分類不能

（厚生労働省の分類方式）

（4） 4Mを労働災害の基本原因とする理論

　この理論は，労働災害はさまざまな要素がからみ合って起こるので，災害原因を明らかにするためには，かかわり合いのあるすべての事項を時系列に洗い出し，その連鎖関係を明らかにしたうえで，4つのMに分類するものです．

Man(人)，Machine(機械・設備)，Media(作業・環境)，Management(管理)の4つのMを労働災害の基本原因とする理論です(4Mは次表のとおり)．

労働災害の基本原因としての4M

Man 人	生理的要因：寝不足，疲労，病気，加齢
	心理的要因：考えごと，悩み，近道行動，省略行為
	職場的要因：人間関係が悪い，コミュニケーションが悪い
Machine 機械・設備	適切な機械・設備の不使用
	機械・設備の欠陥
	点検整備の不足
Media 作業・環境	作業情報の不適切
	作業方法の不適切
	作業姿勢，作業動作の不適切
	作業情報・環境が悪い
Management 管理	管理組織の欠陥
	規程，マニュアル，作業手順書の不備
	安全管理計画が悪い
	教育・訓練の不足
	監督・指導の不足
	適正配置ができていない
	健康管理ができていない

4Mを労働災害の基本原因とする理論

(参考資料) 大関 親：『新しい時代の安全管理のすべて』，中央労働災害防止協会，pp.289〜291，2007年を元に作成．

(5) 労働災害発生率

労働災害発生率の指標として一般的に用いられているものに，年千人率，度数率，強度率があります．千人率と度数率が，作業者数あるいは労働時間数当たりの労働災害の頻度を表しているのに対して，強度率は，災害の重さを表す単位です．

1) 年千人率

年千人率とは，作業者千人当たりの1年間に発生した死傷者数のことで，単に千人率ともいいます．

$$年千人率 = \frac{1年間における死傷者の総数}{1年間の平均作業者数} \times 1{,}000$$

年千人率の計算例

400人の事業場で，1年間に休業100日の死傷者を1人出した場合の年千人率は，次の通り．

$$年千人率 = \frac{1}{400} \times 1{,}000 = 2.5$$

2) 度数率

度数率とは，延労働時間をもとに死傷者の発生頻度を表す単位のことで，国際的にも広く使用されています．度数率は，百万労働時間当たりに発生する死傷者数をもって表します．

$$度数率 = \frac{死傷者数}{延労働時間数} \times 1{,}000{,}000$$

> **度数率の計算例**
>
> 年間の延労働時間が80万時間(400人の事業場で1年間の1人当たりの労働時間が2,000時間とする)で，1件の死傷者が発生した場合の度数率は，次の通り．
>
> $$度数率 = \frac{1}{800,000} \times 1,000,000 = 1.25$$

3) 強度率

強度率とは，災害の重さの度合いを表す単位のことで，労働時間千時間当たりの災害によって失われた労働損失日数で表します．

$$強度率 = \frac{労働損失日数}{延労働時間数} \times 1,000$$

> **強度率の計算例**
>
> 年間の延労働時間が80万時間(400人の事業場で1年間の1人当たりの労働時間が2,000時間とする)で，1件の休業日数100日の負傷者を出した場合の強度率は，次の通り．
>
> $$強度率 = \frac{100 \times 300/365}{800,000} \times 1,000 = 0.10$$

労働損失日数は，休業日数に300/365を乗じたもので表します．死亡及び障害が残った労働災害については，死亡の場合7,500日など，次の表の通り決められています．

1.5 災害発生のメカニズム

死亡及び障害労働災害の場合の労働損失日数の評価基準

死亡・障害等級	損失日数	死亡・障害等級	損失日数
死亡	7,500	障害等級 8 級	1,500
障害等級 1 級	7,500	障害等級 9 級	1,000
障害等級 2 級	7,500	障害等級 10 級	600
障害等級 3 級	7,500	障害等級 11 級	400
障害等級 4 級	5,500	障害等級 12 級	200
障害等級 5 級	4,000	障害等級 13 級	100
障害等級 6 級	3,000	障害等級 14 級	50
障害等級 7 級	2,200		

(6) 労働災害発生の法則

　災害はある一定の確率で発生しています．何年もの間，あるいは何百万時間もの長時間無災害を続けたら，もうこの事業所では災害は発生しないのではないかと考えがちですが，長時間無災害を続けているということは，実は逆に「いつ災害が発生してもおかしくない状態」になっ

ている可能性があるということです．

「〇〇万時間無災害達成」のすぐ後に災害が発生した，ということを聞いたことがあると思います．これは，気の緩みもあるかもしれませんが，「災害の発生確率が高まっていたから」ということができます．

災害発生の確率として有名なのが，ハインリッヒの法則とバードの法則です．この2つの法則は，実際に発生した多くの災害などを分析して得られたもので，重傷災害・軽症災害・ヒヤリ・ハットの発生確率を示しています．

1） ハインリッヒの法則

アメリカの損害保険会社で副部長をしていたハーバート・ウィリアム・ハインリッヒが，アメリカの工場で重い怪我，軽い怪我，怪我にはならなかった事故（ヒヤリ・ハット）の比率を調べたところ，1：29：300になりました．この法則のことをハインリッヒの法則といいます．

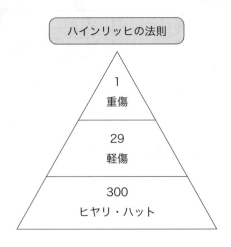

2) バードの法則

フランク・バードが，アメリカの 297 社における 175 万件の事故報告を分類して，重傷または廃失，傷害，物損のみの事故，ヒヤリ・ハットの比率を 1：10：30：600 と結論づけました．これをバードの法則といいます．

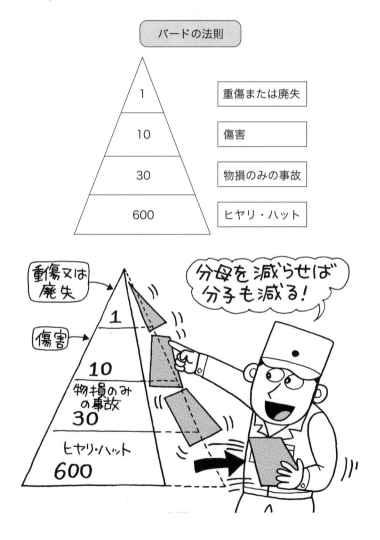

よく「重傷災害ゼロ」という目標を掲げている事業場を見かけます．しかし，重傷災害をなくしたいという心意気は高く評価できますが，重傷災害のみなくそうという目標は検討の余地があります．

　ハインリッヒの法則とバードの法則で見た通り，軽傷災害がたくさん発生した結果，重傷災害が発生するわけですから，「重傷災害をなくしたい」のなら，その分母である軽傷災害をなくしたり，減らしたりすることを目標にした方が，結果として「重傷災害をなくす」ことに繋がります．

第2章
監督者の立場, 役割と責任

2.1 監督者とは

監督者とは,「部下の作業者を直接指揮監督して, ある一定の作業について責任をもつ第一線の責任者」のことです. 監督者は, 職長, リーダー, 班長, 作業長など, さまざまな名前で呼ばれています.

安衛法では, 監督者, リーダー, 班長などを職長と位置づけて,「職長教育」の修了を義務づけています. その教育事項は次の通りです.

① 作業手順の定め方.
② 労働者の適正な配置方法.
③ 指導及び教育の方法.
④ 作業中における監督及び指示の方法.
⑤ 危険性または有害性などの調査の方法.
⑥ 危険性または有害性などの調査の結果に基づき講ずる措置.
⑦ 設備, 作業などの具体的な改善の方法.
⑧ 異常時における措置.
⑨ 災害発生時における措置.
⑩ 作業に係る設備及び作業場所の保守管理の方法.
⑪ 労働災害防止についての関心の保持及び労働者の創意工夫を引き出す方法.

2.2 監督者の役割と責務

監督者は, 部下の作業者を直接指揮命令して, 作業の品質, コスト, 納期, 効率, 安全衛生などについて責任を果たすという, 重要な職責を課せられています. 最近は, 部下の作業者も自社の従業員ばかりでなく, 子会社, 派遣, 請負の作業者が増えているので, その管理には, 相当な知識, 経験, 技能, 能力が求められます.

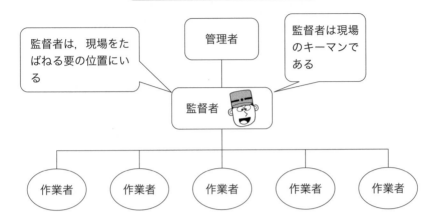

なお、派遣作業者については直接指揮命令できますが、子会社の作業者でも、請負契約で仕事にきている作業者については、職業安定法、労働者派遣法により直接指揮命令はできません．

監督者は、重要な職責を果たす現場のキーマンです．また、現場を熟知していることから、次の3つの役割が期待されています．

① 部下の作業者を指揮統率して，職責を果たす．
② 管理者の指示命令，連絡事項を的確に部下の作業員に伝える．
③ 現場の実状と現場作業者からの意向を管理者に迅速・的確に報告する．

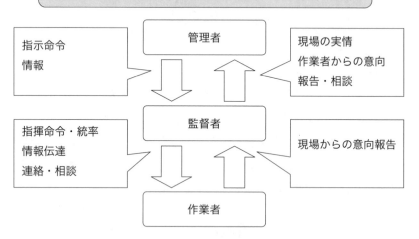

なお，自社の作業者と下請会社の作業者が混在して働いている場合，製造業の元方事業者は，安衛法第30条の2で「連絡調整」の措置義務が課せられています．
(安衛法第30条の2)
「その労働者及び関係請負人の労働者の作業が同一場所において行われることによって生ずる労働災害を防止するため，作業間の連絡調整及びその他必要な措置を講じなければならない」
監督者は部下との報告・連絡・相談，いわゆる「ホウ・レン・ソウ」を心がけ，良いコミュニケーションを保つことが重要です．

ホウ(報告)・レン(連絡)・ソウ(相談)とは
　報告，連絡，相談の初めの文字を取ったもので，業務を円滑に，間違いなく遂行するために，「報告」，「連絡」，「相談」がいかに重要かを教えて，実行するための"語呂あわせ"です．
　「ホウ・レン・ソウ」を行うときは，5W1H(いつ，どこで，誰が，何を，なぜ，どのように)を心がけることが大切です．特に，いつ(タイミング)は非常に重要です．早め早めにホウ・レン・ソウを行うことが大切です．
　監督者は，部下の作業者が「ホウ・レン・ソウ」を持ちかけてきたときは，できるだけ時間を取って，聞くことが大切です．

　監督者は，現場のキーマンとして重要な職責を果たしており，次のような立場にあります．

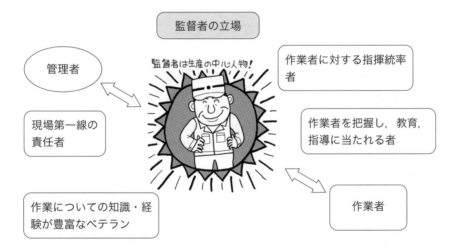

2.3　監督者の進める安全衛生業務

　業務を円滑に進めるために，企業は社内規定などにより業務分担を明確にしています．同様に，監督者の行うべき安全衛生業務についても，

多くの場合，安全衛生管理規定などで定めています．

一般的な監督者の安全衛生業務は，次の通りです．
① 作業手順書を整備し，作業者への周知・遵守の徹底．
② 管理者及び作業者との連絡調整の的確な実施．
③ 作業者の能力，性格，資格などを考えた適正配置．
④ 作業の監督と指導．
⑤ 作業設備・機械及び作業場所の点検と保守管理．
⑥ 整理整頓の励行．
⑦ 安全衛生に関する教育，訓練の実施．
⑧ 作業環境測定が必要な作業についての測定結果の把握．
⑨ 異常時，災害発生時の措置についての作業者への周知．
⑩ 作業者の安全衛生意識の高揚．
⑪ 作業者の健康管理の促進．
⑫ 危険性または有害性の調査などの実施．

(1) 監督者が自ら指揮命令した業務で安衛法違反があったときの責任

自ら指揮命令した業務で安衛法違反があった場合に，監督者はどのような責任を取ることになるのでしょうか．安衛法は，事業者責任が基本となっているため，ほとんどの条文が事業者の責任について規定しています．

しかし，監督者は事業者ではないからといって，「自ら指揮命令した業務について安衛法違反があっても，その責任を問われない」というわけではありません．企業の社内規定で監督者に権限が委譲されていて，監督者が責任をもって実施することになっている業務について安衛法違反があった場合は，監督者は，その行為者として責任を問われることになります．

特に死亡災害，重大災害(一度に3人以上の作業者が被災した場合)について安衛法違反があれば，監督者も罪を免れないことが多くなります．
(安衛法第120条)

「次の各号(第1号から第4号までであり，第14条，第20条から第25条までなどの条文が定められている)のいずれかに該当する者は，六月以下の懲役または五十万円以下の罰金に処する」
(安衛法第119条)

「次の各号(第1号から第6号までであり，第10条第1項，第26条などの条文が定められている)のいずれかに該当する者は，五十万円以下の罰金に処する」

(2) 行為者が罰せられた場合のその法人や個人事業主の責任

監督者などの従業者が安衛法第119条または第120条に違反する行為をしたときは，行為者が罰せられるだけでなく，その法人または個人事業者に対しても罰金刑が課せられることになります．これは両罰規定といわれるもので，安衛法第122条に定められています．
(安衛法第122条)

「法人の代表者又は法人若しくは人の代理人，使用人その他の従業者が，その法人又は人の業務に関して，第116条，第117条，第119条又は第120条の違反行為をしたときは，行為者を罰するほか，その法人又は人に対しても，各本条の罰金刑を科する」

2.4 安全衛生教育

(1) 安全衛生教育の必要性

　部下を指導・教育して一人前に育て上げることは，監督者の重要な職務です．教育の重要性を説いた「米百俵」の物語は，今でも語り継がれています．これは，北越戊辰戦争で焦土と化した長岡藩に見舞として送られてきた米百俵を，藩の大参事小林虎三郎が「百俵の米も，食えばたちまちなくなるが，教育に充てれば，明日の一万，百万俵となる」と藩士たちを諭し，学校設立の費用に充てたというものです．

　通常，部下の教育は，OJT(オン・ザ・ジョブ・トレーニング：実際の仕事を通じてそれぞれの職場で実施する教育訓練)と，OFF-JT(オフ・ザ・ジョブ・トレーニング：職場から離れての教育訓練)の2つの方法でなされています．

　職場では，多くの教育がOJTで行われています．OJTを行う場合，監督者は次の事項について計画を立てて，実行することが大切です．

OJTにおいて監督者が立てる計画

誰に	新人，後継者など相手を分ける
何を	相手に応じた知識，技能，態度を教える
いつまでに	いつまでに教えるのか，期限を考えておく
どうやって	作業のどの場面で教えるのが最適か
達成レベル	どのレベルまで引き上げるのか

OJT(On-the-Job Training)とは

職場内訓練のこと．職場の中で，監督者が部下に対して，具体的な仕事を通じて仕事に必要な知識，技能，態度を計画的・継続的に行う教育のこと．メリットとしては，
- 日常の業務の中で具体的に指導できる．
- 教育の成果が業務に直接役立つ．

などがある．

OFF-JT(Off-the-Job Training)とは

職場から離れて，教育訓練を行うこと．教育訓練の内容によっては，外部の研修機関に派遣して，必要な知識，技能を習得させることもある．日常の業務経験では理解しにくい基本的な事項を教育できるというメリットがあるが，その反面，施設・スタッフの確保などのコストがかかる．

(2) 安全衛生教育の種類

多くの企業では，雇用期間，作業場所などに応じて，次のような従業員の教育計画を定めています．

① 新規採用時教育：新しく採用した者に対する教育．基礎的なことを中心に教える．

② 若年者教育：採用後数年経過した従業員を対象に，熟練作業者になるための知識，技能，心構えなどを教育する．

③ 監督者教育：新任監督者を対象とした教育．部下の監督の仕方，指導教育，安全衛生管理について教育する．

安衛法が定めている教育には，次のものがあります．

安衛法が定めている教育

雇い入れ時教育

教育の時間は，労働者の作業の種類，雇い入れ時の労働者の知識，技能などに応じて決める

事業者は，労働者を雇い入れたときは，その労働者に対し，次の事項のうち，その労働者が従事する業務に関する安全又は衛生のため必要な事項について，教育しなければならない．

① 機械等，原材料等の危険性又は有害性及びこれらの取り扱い方法に関すること．
② 安全措置，有害物抑制装置または保護具の性能及びこれらの取り扱い方法に関すること．
③ 作業手順に関すること
④ 作業開始時の点検に関すること
⑤ 業務に関して発生する恐れのある疾病の原因及び予防に関すること．
⑥ 整理，整頓及び清潔の保持に関すること．
⑦ 事故時等における応急手当て及び退避に関すること．

(安衛法第59条　安衛則第35条)

2.4 安全衛生教育

作業変更時教育	事業者は，労働者の作業内容を変更したときに，雇い入れ時の安全衛生教育の実施事項と同じものを教育しなければならない．
異なる作業に転換したときや作業設備，作業方法について大幅な変更があったときなどに実施する	（安衛法第59条第2項　安衛則第35条）

特別教育	事業者は，労働者を危険又は有害業務につかせるときは，これらの業務に関する安全又は衛生のための特別教育を行わなければならない． （安衛法第59条第3項　安衛則第36～39条）

職長等教育

監督者, リーダーなど作業中の労働者を直接指導または監督する者に対する教育

事業者は, 製造業(一部の業種を除く)電気業, ガス業, 建設業などの業種で, 新たに職務につくことになった職長その他の作業中の労働者を直接指導又は監督する者に対し, 「教育作業方法の決定及び労働者の配置, 労働者に対する指導又は監督の方法等」について教育しなければならない.
(教育事項などについては, p.34 参照)

(安衛法第60条　安衛法施行令第19条　安衛則第40条)

労働災害防止業務従事者に対する能力向上教育

事業者は, 事業場における安全衛生の向上を図るため, 安全管理者などに対し, 従事する業務に関する能力の向上を図るための教育, 講習等を行い, 又はこれらを受ける機会を与えるように努めなければならない.

教育対象者
安全管理者, 衛生管理者, 安全衛生推進者, 衛生推進者, 作業主任者, 元方安全衛生管理者

(安衛法第19条の2)

危険有害業務従事者に対する安全衛生教育 	事業者は，技術革新の進展に伴う新規の機械の導入や作業態様の変化に対応するため，危険有害業務についている作業者が，特別教育に限らず，新たな知識，技能を取得することができるよう，その業務に関する安全衛生のための教育を行なうように努めなければならない．

（安衛法第 60 条の 2）

(3) 教育・指導の仕方

　教えるということは，成果品を与えることではなく，成果品を得ることができる手法を教えることです．作業者に教育・指導をするときに心得ておかなければならないことは，作業者の立場に立って教えることです．監督者と作業者では，「知識」，「技能」の程度が違うので，相手のレベルに合わせて教えることが大切です．

教えるときは,「やさしいこと」から「難しい」ことへ,相手が理解しているかを「確認」しながら進めることが重要です.

技能教育には,「仕事の教え方の4段階」があります.教育の内容を「導入・準備」,「説明し,やってみせる」,「やらせてみる」,「確認する」という4段階を順を追って進めていくことにより,効果的な教育を行うことができます.

また教えるときには,「仕事の教え方の8原則」を取り入れて教育すると,効果が上がります.

仕事の教え方の4段階

第1段階 導入・準備
- 話しやすい,聞きやすい雰囲気を作る.
- 教育の内容を説明し,それが相手にとっていかに重要であるかを話して,学びたいと思わせる.

第2段階 説明し,やってみせる
- 1つずつ区切って説明し,自らやってみせる.
- 急所,ポイントを強調する.
- 理解したかを確認しながら進める.

第3段階 やらせてみる
- 相手が納得するまでやらせる.
- 間違いがあれば直して,再度やらせる.
- よくできたら必ずほめる.

第4段階 確認する
- 作業の現場で実際にできているかを見る.
- 不十分なところがあれば再度教える.

2.4 安全衛生教育

仕事の教え方の 8 原則

①相手の立場に立って	相手の「知識」,「技能」の程度に合わせて,教育内容や進め方を変える.
②やる気を起こさせる	学びたいという気持ちにさせる. 押しつけや無理をするとダメ.
③やさしいことから難しいことへ	理解してもらうためには,「やさしいこと」から「難しいこと」へと徐々にレベルを上げる.
④一度に1つのことを	あれこれ一度に言っても理解されない. 一度に1つのことを教えることが大切.
⑤繰り返して	繰り返し教えることで,しっかりおぼえさせることができる.手を変え,品を変えて教えると効果的.
⑥身近な事例を用いて	身近な災害事例などを用いると,理解されやすく,記憶にも残る.
⑦急所の理由を言って	なぜ「急所」なのかを納得いくように教えると,理解されやすく,実行が期待できる.
⑧体験させ五感を働かせて	「視覚」,「聴覚」,「触覚」などをフルに働かせることで強烈な印象を与え,記憶に残せる.

教え方には，講義方式とグループ討議方式の2つがあります．この2つの方式には，それぞれ特徴があり，この2つの方式を併用することで教育効果を高めることができます．

仕事の教え方の2つの方式

項　目	講義方式	グループ討議方式
実施方法	講師が教材を用いて受講者に講義する方式．いわゆる学校方式	受講者が小グループに分かれて，それぞれのグループで与えられた議題についてグループ討議を行い，結論をまとめ発表する方式
長所	多くの知識，技能を教えることができる	みんなに発言する機会が与えられるので，参加意識が高くなる．自分が発言したことを含め，教育内容が後々まで残る割合が高い
短所	教育内容が記憶に残る割合が少ない	教えるのに時間を要する．グループのまとめ役に人を得たときは円滑に進むが，そうでないときはうまくいかない

教えるとき(実践)のワンポイント
① 教えることに関心と情熱をもつ．
② 教える内容を十分理解したうえで，その内容を初心者にわかるように組み立てなおして教える．
③ 実技，講義，グループなどいろいろな方法を取り入れて教える．
④ 成果をあせらない．

(4) 教育効果の確認とフォロー

　教育は，教育を受けた作業者が，その内容を実行してくれなければ意味がありません．教育は，教えたことが実行されて，はじめて完結するものです．

　教育の効果は，日常の作業を通じて確認できるので，監督者は，自分がOJT(職場内教育)で教えたこと，あるいはOFF-JT(職場外教育)で受けてきた教育訓練の内容が業務に取り入れられ，活かされているかを確認することが大切です．

　教えた通りに実行されていない，あるいは理解が不十分で間違ったやり方をしている作業者などを見つけた場合は，ただちに是正し，適正な方法を教えなければなりません．また，教育計画を見直し，より効果が上がる教育方法を模索する必要があります．

　教育の効果は，次の3つのステップで確認することができます．

教育効果の確認のステップ	
ステップ	内　容
ステップ1 反応を見る	・教育内容はよく理解できたか ・教育内容は役立つものであったか
ステップ2 行動への活用	・仕事に活かそうとしているか ・教育内容を応用しようとしているか
ステップ3 効果の確認	・作業のやり方がよくなっているか ・勤務態度がよくなっているか

2.5　災害防止の関心の保持と創意工夫を引き出す方法

(1)　ヒューマンエラーとその防止対策

　ヒューマンエラーとは,「一般に,達成しようとした目標から,意図せずに逸脱することとなった,期待に反した行動のことをいう.すなわち,人間はエラーを起こしやすいといわれているが,故意にエラーを起こそうとする脳からの指令はなく,得られた情報に反応し過去の経験等に基づいた最良の行動をしようとしたが,結果的に適切でない行動になってしまったことをいう」(『安全衛生用語辞典』,中央労働災害防止協会)とされています.

1)　ヒューマンエラーの発生メカニズム

　ヒューマンエラーは,人間,機械,システム,そして労働環境などが相互に絡み合って発生するものです.これを人間側からとらえてみると,「うっかりミス」ということになります.うっかりミスは,次のようなときに起こります.

　① 思い込み:作業変更の連絡を受けていたのに,いつもの作業と思い込み,いつもの通りやってしまった.

② 注意力の低下：暑さや長時間作業で，集中力を失っていた．
③ 慣れ：いつものことなので，安易に行動した．
④ 省略：安全通路があるのに，近道して災害に巻き込まれた．
⑤ 焦り：納期が迫っていたので，安全確認を怠った．
⑥ 情報処理の誤り：聞き違い，見間違い，勘違いなどを起こした．

2) ヒューマンエラーの防止

ヒューマンエラーを防止するためには，作業者に災害防止への動機づけを与えることのほかに，設備環境などの外的要因を減らすために，次の４つのMを実践することが重要です．

① Man(人間)の要因：作業者個人のみでなく，グループとしてのエラーも問題視されるため，絶えず連絡調整を図るとともに，一声かけ運動を進めるなどして職場のコミュニケーションをよくする．
② Machine(機械・設備)の要因：機械や設備の本質安全化を進め，フールプルーフ・フェイルセーフ化へ改善する．

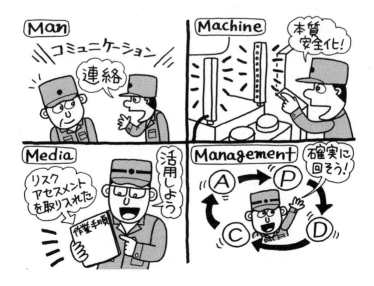

③　Media(作業情報・環境)：リスクアセスメントを取り入れた作業手順書の活用及びリスクアセスメント手法を取り入れたKY活動を推進する．

④　Management(管理)の要因：作業者の役割分担を明確にし，作業手順書に従って作業をするよう，監督のP(計画)，D(実施)，C(チェック)，A(措置)サイクルを確実に回す．

(2) 災害防止への動機づけ
1) 災害防止についての動機づけ

作業者への動機づけには次の方法があるので，作業者の年齢，経験及び実施時期，場所などを考えて行うとよいでしょう．

①　ビデオ，DVD，写真，イラストなどによる教育訓練

視聴覚教材を用いた啓発，教育，訓練は効果的です．

②　小集団活動の導入・推進

小集団活動には，ゼロ災運動，4S・5S運動，指差呼称運動，QCサークル活動，ZD運動などがあります．小集団活動の基本理念としては，次の3つがあげられます(『QCサークルの基本』，日本科学技術連盟)．

①　人間の能力を発揮し，無限の可能性を引き出す．
②　人間性を尊重して，生きがいのある明るい職場をつくる．
③　企業の体質改善・発展に寄与する．

マズローの「人間の欲求の5段階」(p.64参照)で述べるように，人間は誰でも，職場の一員でありたい，自分の能力を認めてもらいたいという欲求をもっています．小集団活動は，これらの欲求を満たすための最適な活動であり，この活動を導入することによりチーム活動が活発にな

り，安全衛生の向上だけでなく，生産性の向上にもつながります．

③ 災害事例，ヒヤリ・ハットの発表
作業者がそれぞれの災害，ヒヤリ・ハットの体験を発表することにより，一体感が盛り上がるとともに，安全の重要性を学び取るよい機会になります．

④ 自分と家族のための災害防止であることを認識させる
災害防止活動は，やらされるものではなく，自分と家族のためにやるものであることを教え，十分認識させることが大切です．

2) 監督者の心構え
監督者は，作業者の災害防止への関心を保つため，次のことを考え，実行することが重要です．
① 職場の問題点を見つけ出し，作業者に投げかけるとともに，安全衛生管理に反映させる．
② 作業者に「自分自身のために災害防止をする」という考え方を浸透させる．
③ 動機づけのための資料，教材などを集めて活用する．
④ 職場のチームワークの維持に注意を払う．

(3) 創造力を引き出す方法
創造力は，新たなものやアイデアを生み出し，考え出す能力です．この能力は，誰にでも備わっているもので，気持ちのもち方やあり方から出てくるところが大きいものです．監督者には，部下のもつ創造力を引き出し，仕事の改善・改良を進めていくことが求められます．

1) 創造力を発揮しやすい職場の雰囲気作り

監督者は，作業やグループ活動を通じて，作業者が創造力を発揮しやすい雰囲気作りを常に心がけることが必要です．

① 自由な発想が生まれるような職場の雰囲気を作る．そのためには，監督者は，ゆとりをもち，寛容であることに徹する．
② チームで取り組むための課題をもつ．
③ アイデアを競わせる．職場の問題点や課題を作業者やグループに与え，アイデアを出させ，競わせる．

2) 作業者に問題意識をもたせ，創造力をかきたてる

作業者に絶えず問題意識をもつように仕向け，創造力を養い，かつ発揮させることが望まれます．そのためには，次のことを意識して取り組むことが大切です．

① 誰でも創意工夫ができることを理解させ，自信をつけさせる．
② 慣れから抜け出して，まったく別の見方から物事を考えさせる．
③ 出されたアイデアは，マイナスでないものはすべて受け入れる．自分のアイデアが受け入れられると自信につながり，さらに創意工夫の意欲を伸ばすことになる．

第 3 章

監督者の監督・指示と適正配置

3.1 日常業務の監督サイクル

　監督者の仕事は，職制を通じて示された方針に従って，生産・安全の目標を達成するために具体的な計画を立て，部下の作業者を使って作業を進めていくことです．

　もう少し具体的にいうと，部下を適切に配置して，①定められた品質のものを，②定められたコスト内で，③定められた期限内に，④安全に製品を作ることです．

　監督者の日常業務における監督サイクルは，次の3段階に分けられます．

(1) 作業内容の周知・確認段階

　作業手順書，作業指示書などにもとづいて，具体的な作業実施方法を部下に周知・確認する段階です．仕事の出来，不出来は，この段階のよし悪しで，ほぼ決まってしまいます．したがって，監督者の力量が問われる重要な段階です．この段階で重要なことは，作業者の配置，機器工具や材料の手配を周到に進めておくことです．

　朝礼の場では，当日の作業の指示，連絡，健康チェックなどを行います．また，現場では，TBM(ツール・ボックス・ミーティング)，KY(危険予知)活動によってリスクアセスメントを行い，機械設備の点検を行ったうえで作業にかかります．

(2) 本作業段階

　現場をパトロールして，作業が指示通り行われているか，また安全に行われているか確認します．不具合が見つかったときには，ただちに是正します．さらには，不安全行動をしている作業者がいるときは，ただちに安全な作業に戻すよう指示します．

(3) 後始末段階

作業の修了時には，製品の仕上がり具合，後片付け，機械設備の異常の有無，作業者の健康状態などを調べて，報告書，点検記録などに記入します．

終礼では，作業者全員に対し，その日のまとめと反省を行い，翌日の作業計画と配員を指示します．その後，上司への報告及び関係先への連

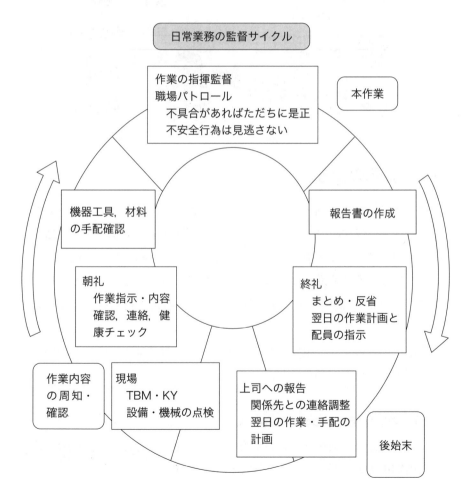

絡調整を行い，翌日の作業及び手配の計画を立てます．

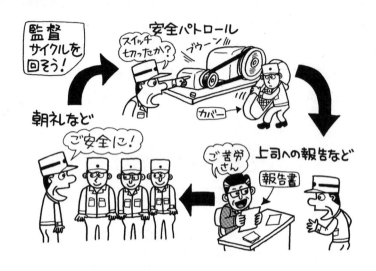

3.2 指示の仕方

　指示とは，仕事の割り当てや注意事項を細かく分類し，わかりやすくして部下に伝えることです．また，部下の側からすれば，上司の指示は，仕事を進めるうえで非常に重要なものです．指示が明確，適切でないと，仕事がうまく進まなくなり，ひいてはトラブル発生のもととなります．部下は，"簡明"で，かつ部下の立場も考えた指示を待っています．

　指示は，このように重要なものですので，監督者は，次の指示の出し方の原則を心得ておかなければなりません．

1) 内容は明確かつわかりやすく

　まず，自分は「何を部下に言いたいのか」をよく考えます．そのうえで，内容を明確，かつわかりやすく指示します．

2) 相手の熟練度，技量，経験などを考慮する

相手の力量に合わせた内容で，相手が理解しやすいように考慮して指示します．

3) 5W1Hを活用する

5W1Hを活用して，誰が，いつ，どこで，何を，なぜ，どのようにするのかをハッキリ示します．指示の内容によっては，部下に復唱させることも必要です．また，重要なことはメモを取らせることです．メモを取ることにより，内容を確認でき，間違いなく指示を実行できることになります．

4) 一度指示したことは簡単に変えない

一度指示したことは，その作業が完了するまで変更しないのが原則です．やむを得ない事情により指示を撤回して，新しく指示するときには，なぜ指示事項が変わったのかを十分説明し，部下を納得させなければなりません．

5) 指示書を使う

少し込み入った内容の指示を出すときは，指示書あるいは作業手順書などを用いると，部下も理解しやすく，間違いも起こりにくくなります．また，部下も文書で受け取れば，作業が指示通り進んでいるか確認しやすくなります．

指示がよく行きとどいている職場は，人間関係が普段からうまくいっています．監督者は，部下とのコミュニケーションに心がけることが重要です．

3.3 適正配置

(1) 適正配置とは

適正配置とは，作業者を配置するに当たって，その作業が必要とする条件と部下のもっている能力をうまく適合させ，仕事を割り当てていくことです．与えられた作業の条件に対し，作業者がもっている知識，経験，技能，体力など，それぞれの特徴を生かして作業を割り当て，仕事が効率よく進むようにすることが大切です．

特に，危険有害作業などの資格が必要な作業については，職場において必要となる資格を調べて，部下に資格を取らせておくよう心がけなければなりません．

3.3 適正配置

```
        ┌─────────────────┐
        │ 作業者の適正配置 │
        └─────────────────┘

┌──────────┐                                    ┌────────────┐
│ 作業の特性 │                                    │ 作業者の特性 │
└──────────┘                                    └────────────┘

┌──────────┐    ┌──────────────┐    ┌──────────┐
│ 作業の種類 │    │  〈適正配置〉  │    │ 性別      │
│ 作業内容   │    │              │    │ 年齢      │
│ 作業の質・量│ ⇔ │ 必要とされる作 │ ⇔ │ 業務経歴   │
│ 期限      │    │ 業の条件と部下 │    │ 知識      │
│ 作業条件   │    │ の能力をうまく │    │ 技能      │
│ 作業環境   │    │ 適合させ，仕事 │    │ 態度      │
│          │    │ を割り当ててい │    │ 体力      │
│          │    │ く            │    │ 資格      │
│          │    │              │    │ 心身状態   │
└──────────┘    └──────────────┘    └──────────┘
```

(2) 適正配置の進め方

適正配置で考慮しなければないことは，「作業の特性」と「作業者の特性」を把握することです．適正配置とは，この2つの要素をいかにうまく適合させるかということです．

1) 作業の特性の把握

作業の特性には，作業の種類，作業内容，作業の質・量，期限，作業条件，作業環境などがあるので，作業に求められている条件をよく把握しておかなければなりません．また，法的資格が必要な作業であるかどうかも，十分把握しておかなければなりません．

安衛法では，法的な資格要件として，「免許を要する業務」，「技能講習が必要な業務」，「特別教育が必要な業務」があります．担当している作業について，どのような法定資格が必要なのか，日ごろから熟知しておくことが必要です．

作業の特性

項　目	内　容
作業の種類	定常作業・非定常作業 単独作業・共同作業
作業内容	作業の具体的実施内容(何を，どうするのか)
作業の質・量	質：難易度，精度，技能程度 量：作業のロッド
期限	作業工程(いつまでか)
作業条件	持続作業・断続作業，作業姿勢 法定資格の必要性
作業環境	屋外作業・室内作業，高所作業， 気温，湿度，騒音，振動，照度 危険・有害物取扱作業

　また，労働基準法では，年少者や女性(妊産婦など)に対して，危険有害業務などについて制限が設けられています．したがって，年少者及び女性(妊産婦など)については，どのような就業制限があるのかを熟知したうえで配置しなければなりません．

2) 作業者の特性の把握

　部下の「年齢」，「業務経歴」，「資格」などは日ごろからよく把握しておく必要があります．これらの事項は日々変化するものではなく，いわば固定的な特性といえるので，しっかり覚えておくことが大切です．
　「知識」，「技能」，「態度」，「体力」，「心身状態」は変化していくものなので，きちんとフォローしておく必要があります．特に健康状態は，日々変化し，労働災害にもつながりやすいので，十分な配慮が必要です．
　これらの項目について，部下の「個人記録票」を作成して，まとめて

おくと役立ちます．

個人記録票の例

個人記録票					
職場名					
氏名			生年月日		年　月　日
			入社年月日		年　月　日
業務歴					
資格	取得年月日	名称・種類	知識		
			技能		
			態度		
			体力		
			心身状態		
			既応症		
			人柄		
			災害経験		
			要望事項		

機械化や自動化，IT化などの進歩により，仕事や職業生活で，「強い不安，悩み，ストレスがある」という労働者の割合が増加しています．監督者は，日ごろから部下とのコミュニケーションを心がけ，仕事上の悩みや人間関係のトラブルなどを聞き出し，問題になる前に手を打つとよいでしょう．また，職場や仕事に対する要望も普段からこまめに聞いておくことも大切です．

(3) 適正配置で考慮すべきこと
1) やりがい・働き甲斐をもたせる

人は，仕事を通じて社会や家族ともつながりをもっています．そして，仕事を通じて家族や同僚などから敬意をもたれたい，自分の人生の目的や目標を達成したいという希望をもっています．

アメリカの心理学者のアバラハム・マズローは，人間の欲求を5段

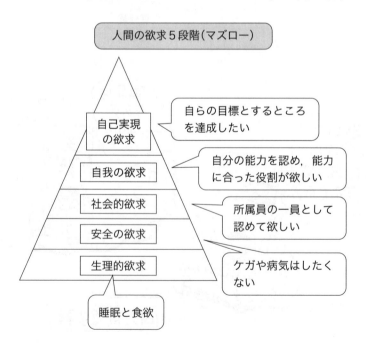

階で表しています．この図から，人は，生理的欲求や安全の欲求のレベルが低く，自分を発揮できる場所とその機会を望んでいることがわかります．

監督者は，部下にやりがいや働きがいをもたせるような配置を心がけることが大切です．

2) 高齢者への配慮

職場で高齢者の割合が増加しています．労働者のうち，50歳以上の人の割合が30％を超えています．高齢者になると身体機能が低下してくるため，作業能率，労働災害などの面で配慮が必要です．

労働災害についても高年齢者の発生率は高くなっています．60歳以上の高齢者の災害発生率は，30代の労働者と比べると約1.7倍の発生となっています．

人間は，加齢にともない，若年者と比べて心身機能が低下していきます．20～24歳ないし最高期を基準として55～59歳の年齢者の心身機能を見ると，次の図の通り低下していくのがわかります．

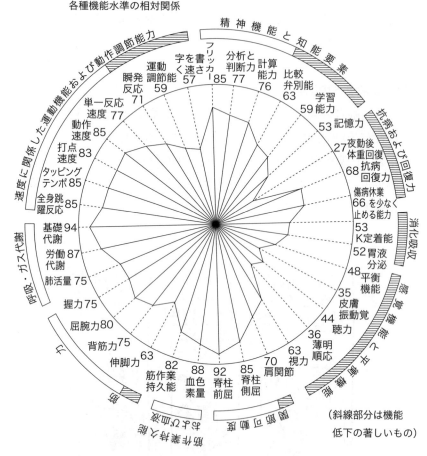

(出典) 斉藤 一：「向老者の機能の特性」、『労働の科学 22 巻第 1 号』、労働科学研究所、p.6, 1967 年.

3) 健康状態

健康状態が悪いと、よい仕事はできません。監督者は、朝礼時に若い人なら夜更かしなどで体調が悪くなっていないか、既応症のある人につ

いては，その日の体調を次の項目で確認して，作業配置を考える必要があります．

健康状態のチェックリスト

項　目	点検内容
目つき	目が死んでいないか
顔つき	表情が生き生きしているか
声	張りがあるか
姿勢	背筋が伸びているか
動作	キビキビしているか

(4) 派遣労働者の安全衛生対策

わが国の雇用形態は，これまで大きな変遷を経てきています．高度経済成長の時代は多くの会社が正規社員を雇用していましたが，バブル経済の崩壊後は，派遣労働者，パート労働者などの短期雇用者の割合が増加しています．

特に，1985年(昭和60年)に制定された「労働者派遣事業の適正な運営の確保及び派遣労働者の就業条件の整備等に関する法律」(以下，「派遣法」という)により，労働者の派遣制度が実施されて以来，派遣労働者は増加の一途をたどっています．

派遣法は，制定から20年後の2004年(平成16年)に大幅に改正され，製造業務への労働者派遣が解禁されました．これにより派遣労働者数は300万人を超えるまでに増えています．

1) 労働者派遣の仕組み

労働者派遣とは，派遣元事業者と派遣先事業者との労働者派遣契約にもとづき，派遣元が自己の雇用する労働者を，派遣先の指揮命令下で派遣先のために働かせることをいいます．

すなわち労働者派遣とは，派遣法によって認められた労働者の雇用形態で，派遣元・派遣先・派遣労働者の間で成立する次のような間接雇用関係です．

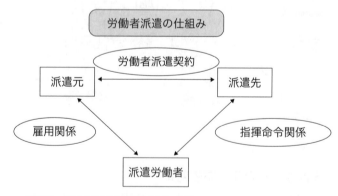

(出典) 厚生労働省の資料を元に作成．

派遣労働者を受け入れる派遣先には，①外部の人材を活用できる，②業務の急増・急減に柔軟に対応ができる，③間接費を含む人件費の抑制

などが見込めるなどのメリットがあります．

2) 派遣労働者の安全衛生管理の責任者

派遣労働者は，派遣先の事業場で，その会社の担当者の指揮命令下で労働することになりますが，一方では，派遣元である派遣会社と雇用契約を締結しているので，安全衛生を含む労働関係法令の適用については，派遣先及び派遣元の両方が関係することになります(派遣法第44条〜第47条の2)．

派遣労働者の安全衛生に関し，派遣元責任者及び派遣先責任者(いずれも派遣労働者を専門に担当する責任者)は，それぞれにおいて安全衛生を統括する部門の責任者などとの連絡調整を行うこととされています．

製造業における派遣元責任者・派遣先責任者の選任数

- 派遣元責任者の数

    派遣労働者が100人以下の場合：1人

    100人を超え200人以下の場合：2人

    以下，100人当たり1人以上を追加する

    製造業務への労働者を派遣する事業場では，「製造業務専門派遣元責任者」とすること

- 派遣先責任者の数

    派遣労働者が50人を超え100人以下の場合：1人

    100人を超え200人以下の場合：2人

    以下，100人当たり1人以上を追加する

    製造業務に従事させる事業場では，「製造業務専門派遣先責任者」とすること

3) 派遣先事業主に課せられている責務

労働基準法及び安衛法は，事業主が雇用する労働者についての措置義務が定められています．派遣労働者については，雇用契約が派遣元事業主との間で締結されているため，労働基準法及び安衛法などに定められている措置義務は派遣元事業主が負うことになります．このため，派遣労働者を受け入れ，直接作業の指揮命令をしている派遣先事業主については，これらの法律が定めている措置義務が課せられないことになります．

そこで，派遣先事業主が事業者あるいは使用者として責任を負った方がよいと考えられる法律が，「特例適用」として定められています．特例適用の対象とされている法律は，労働基準法，安衛法，じん肺法，及び作業環境測定法です．

4) 派遣労働者の安全衛生管理についての派遣元・派遣先の責任分担

派遣労働者が実際に働く場所は，派遣元事業主の管理が及ばない場所であることが多く，派遣労働者の安全衛生を確保するためには，実際に指揮命令し，作業環境や作業に責任をもつ派遣先が使用者として責任を

負うべきものが多くあります．

　安衛法における派遣先の責任の分担には，次のようなものがあります．

- 事業者の講ずべき措置(第20条〜第25条の2)．
- 労働者の講ずべき措置(第26条)．
- 危険性又は有害性等の調査等(第28条の2)．
- 元方事業者の講ずべき措置等(第29条，第29条の2，第30条の2)．
- 注文者の講ずべき措置(第31条の3)．

第4章 監督者が進める リスクアセスメント

4.1 リスクアセスメントの概要

　労働災害は減少しているというものの，製造業では休業4日以上の死傷災害が毎年10万件以上発生しています．今後，製造業の生産工程がますます多様化，複雑化することが予想され，新たな機械設備の導入も促進される中で，労働災害をさらに減少させていくのは並大抵のことではありません．

　労働災害を減少させるためには，単に労働安全衛生法令を守るだけではなく，自主的な努力による安全衛生管理水準の向上が欠かせません．リスクアセスメントは，この向上のための有力な方法です．

(1) リスクアセスメント
1) リスクアセスメントとは

リスクアセスメントとは，
①　事業場のあらゆる危険性または有害性を洗い出し，
②　そのリスクを見積もり，
③　リスクの大きなものから低減対応を講じる，

という一連のことを，体系的に進める自主的な先取りの安全衛生管理手法のことです．

　リスクアセスメントは，次の5つのステップで実施します．①事業場の危険性または有害性を特定する，②それらのリスクを見積もる，③そのリスクを低減するための優先度を決め，リスクを低減させるための措置を検討する，④リスク低減措置を実施する，⑤記録する．

　リスクアセスメントをステップ3まで，あるいはステップ4までとする考え方もありますが，ステップ5までの一連の作業をまとめてリスクアセスメントととらえた方が，職場で受け入れやすいでしょう．

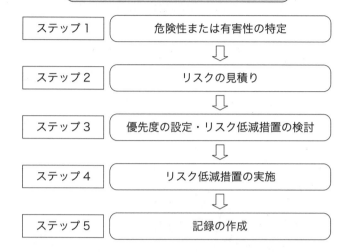

2) ヨーロッパで生まれたリスクアセスメント

リスクアセスメントは，1980年代に欧州で多発した化学プラントなどの重大災害を防止するために，その原型が考え出されました．その後，欧州共同体の加盟国が「職場における労働者の安全と健康の改善を促進する措置(リスク評価を含む)」を採決し，1996年までに施行することとされました．そして，欧州共同体の統一規格であるEN (European Standards)にリスクアセスメントが加わることにより，リスクアセスメントが欧州各国に普及していきました．

わが国では，1999年(平成11年)に，厚生労働省が「労働安全衛生マネジメントシステムに関する指針」を公表し，危険または有害要因を特定し，実施事項を決定するための手法として，リスクアセスメントが位置づけられました．

また，2005年(平成17年)の安衛法の改正で，危険性または有害性などの調査などの実施が，努力義務とされました．さらに，この改正を

受けて2006年(平成18年)には,「危険性又は有害性等の調査等に関する指針」及び「化学物質等による危険性又は有害性等の調査等に関する指針」が公表されました.

これらの指針には,危険性または有害性の調査などが各事業場において適切かつ有効に実施されるように,基本的な考え方及び実施事項が定められています.なお,リスクの見積り,優先度の設定については,いくつかの例が示されていて,事業場が最適のものを選択し,実施することとされています.

3) リスクアセスメントと労働安全衛生マネジメントシステム

労働安全衛生マネジメントシステムは,①安全衛生計画の策定・実施・改善,②リスクアセスメントの実施が2つの柱となっています.リスクアセスメントは,このマネジメントシステムの中で重要な位置を占めています.労働安全衛生マネジメントシステムをすでに実施している企業は,このシステムに沿ってリスクアセスメントを進めることになります.

4) リスクアセスメントとKY活動

KYは，わが国で生まれた先取りの安全管理手法です．KYは，1975年ころから普及しはじめ，多くの事業所で定着している活動です．

KYとリスクアセスメントを比べてみると，「危険・有害なものを見つけ出す」，「危険・有害度の高いものについてその対策を考える」，「対策を実施する」という手順は同じです．

リスクアセスメントの手順とKYの手順の同じところ

リスクアセスメントの手順	KYの手順
ステップ1：危険性または有害性の特定	1ラウンド：危険の洗い出し
ステップ2：リスクの見積り	2ラウンド：危険のポイント選択
ステップ3：リスクの優先度の設定及び低減措置の検討	3ラウンド：対策の検討
	4ラウンド：対策の決定

KYは監督者と作業者が実施者ですが，リスクアセスメントは事業者である経営のトップが実施者となって行うものです．したがって，その「ねらい」，「実施時期」，「見積り手法」などが違ってきます．

リスクアセスメントとKYは，その目的も異なっているため，「リスクアセスメントを導入したら，KY活動をする意味がなくなる」というものではありません．リスクアセスメントの導入は，KY活動の活性化に繋がると考え，それぞれの利点を生かして，使い分けることが望ましいでしょう．

KY活動を活性化するために，今後，リスクアセスメントの手法を取り入れた「リスクアセスメントKY活動」が普及していけば，本来のリスクアセスメントとあいまって，職場の安全衛生管理はさらに向上していくものと思われます．従来のKY活動がリスクアセスメントKY活動

> リスクアセスメントとKYの違い

	リスクアセスメント	KY活動
誰が	事業者，スタッフ，管理者，監督者	監督者，作業者
ねらいなど	機械・設備面及び作業行動面の対策	毎日の作業の行動面の安全衛生対策
実施時期	設備・原材料の新規採用・変更時 作業方法導入・変更時など	日々の作業前
どのように（見積り手法）	見積り手法を用いてリスクを見積もるなど，科学的，組織的に行う	リスクはカンで見積もるなど，経験を生かし，即断即決

に進化することで，本当に対策が必要なリスクが明確になり，効果的なKY活動が実施できるようになります．

　これまでのKYは「カン」と「経験」だけで，「危険性・有害性」の大きさを見積もっていましたが，リスクアセスメントKYでは，見積り方法に従って正確な「危険性・有害性」の危険度を見積ることが可能となります．

　そして，見積もられた「危険性・有害性」のうち，危険度の高いものについて，その日の行動目標を決めて実行するとにより，確実に災害の芽を摘みとることができるのです．

4.1 リスクアセスメントの概要

リスクアセスメント KY 活動

　従来の KY の 2 ラウンド「危険のポイントを決める」段階に，リスクアセスメントの見積り手法を取り入れたものが，「リスクアセスメント KY 活動」です．これまでの KY と違い，3 ラウンド KY となります．

4 ラウンド KY	リスクアセスメント KY
1 ラウンド どのような危険が潜んでいるか探し出す	**1 ラウンド** どのようなリスクが潜んでいるか探し出す
2 ラウンド 危険のポイントを決める	**2 ラウンド** リスクを見積り，評価し，危険度を決める
3 ラウンド 対策を出し合う	**3 ラウンド** 危険度の高いリスクについて対策を決める
4 ラウンド 実施する対策を決める	

　3 ラウンドに進化したよ

> リスクアセスメント KY 活動表の例

KY 活動表							
本日の作業内容	運搬してきた梱包材料を天井レーンで移動する						
1 ラウンド	2 ラウンド						3 ラウンド
どんな危険性または有害性があるか	リスクの見積り・危険度					対策リスクの決定	対策
	重大性	可能性	頻度	評価	危険度		
ワイヤーロープが短いためつり角度が大きくなり，ワイヤーが切れ荷が落ちる	6	2	1	9	3		
チョイ巻きでワイヤーを張ったとき，ワイヤーと荷の間に手を挟む	6	4	4	14	4	○	チョイ巻のときは，ワイヤーに手をかけない
地切りしたとき，つり荷が触れて当たる	6	4	2	12	3	○	振れてくる荷にあたらない位置に立つ
つり荷を低い位置で移動させ，機械などに当たる	6	1	1	7	2		
作成年月日	平成○○年○月○日 || 会社名	山川機器	職長名	田川一男	参加作業者氏名	水元太一　黒木和夫　下川二郎

（2）リスクアセスメントの実施者

　職場においてリスクアセスメントを実施するのは，監督者と作業者です．実際の作業でリスクアセスメントを行うときは，関係する作業者は

もちろんのこと，少しでもつながりのある作業者も参加させ，一体感をもたせ，協力を得られるようにすることが大切です．

(3) 実 施 時 期
リスクアセスメントの実施時期は，以下の通りです．
① 建設物を設置・移転・変更・解体するとき．
② 設備を新規に採用・変更するとき．
③ 原材料を新規に採用・変更するとき．
④ 作業方法または作業手順を新規に採用・変更するとき．
⑤ 労働災害が発生し過去の調査などに問題があるとき．
⑥ 前回の調査などから一定期間が経過したとき．

リスクアセスメントは，1回ですべてのリスクを特定し，リスク低減措置ができるものではないので，これらの実施時期のほかに，年1回以上定期的に職場のリスクアセスメントを実施することが必要です．

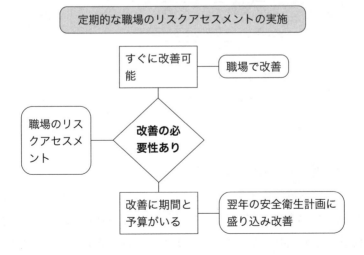

(4) 危険性または有害性に関する情報の収集
1) 職場の危険性または有害性に関する資料の把握

職場の危険性または有害性に関する資料としては，安全衛生関係情報，災害統計，作業計画書，作業手順書，安全衛生活動記録などがあります．

これらの資料は，リスクアセスメントを実施する際に必要なものですので，日ごろからよく整理しておかなければなりません．資料のリストを作成しておくと便利でしょう．

2) 危険性または有害性の確認

職場における危険性または有害性にはどのようなものがあるのかを，常に把握しておく必要があります．業務内容，使用している機械設備，化学物質，作業環境及び収集した情報から危険性または有害性を見つけ出し，整理しておくことが必要です．

4.1 リスクアセスメントの概要

具体的危険性または有害性に関する資料

- 災害統計
- 事故・災害報告書
- ヒヤリ・ハット事例報告
- 作業計画書・作業手順書・機械設備の仕様書・取扱い説明書
- 安全データシート（SDS）
- 安全衛生パトロールの記録

- 作業環境管理記録
- KY 活動記録
- 整理整頓活動記録
- 健康診断結果分析
- 社内安全衛生基準
- 元方事業者としての連絡調整などの実施記録

危険性または有害性情報入手の留意点
① 新たな機械設備を導入する場合は，その機械設備のメーカーから設計，製造段階のリスクアセスメント結果を入手して，参考にする．
② 元方事業者のもとで作業するときは，元方事業者が実施したリスクアセスメントを入手して参考にする．

4.2 リスクアセスメントの進め方

リスクアセスメントは，次の5つのステップで進めます．

リスクアセスメントの5つのステップ

ステップ1 危険性または有害性の特定	・作業の洗い出し ・危険性または有害性の分類 ・危険性または有害性の特定
ステップ2 リスクの見積り	・危険性または有害性のリスクを見積もる ・機械設備，作業の特性に応じて見積もる

「リスク」とは → 危険性または有害性によって生ずる恐れのある負傷または疾病の「重大性」と「可能性」を組み合わせたもの

ステップ3 優先度の設定・リスク低減措置の検討	・リスクをレベル分けし，措置する優先順位の決定 ・リスクの低減措置を検討し，決定する
ステップ4 リスク低減措置の実施	・リスクレベルに対する優先度の基準により実施 ・低減措置が著しく合理性を欠く場合を除き，低減措置を実施する
ステップ5 記録の作成	・リスクアセスメントの実施内容を記録する

(1) ステップ1：危険性または有害性の特定
1) 危険性または有害性の分類例

　危険性または有害性は，どこの事業場にも存在します．そこで，作業手順書などにもとづいて，この危険性または有害性を洗い出し，それぞれの作業における機械・設備，作業方法などに応じて，あらかじめ定められた分類によって，危険性または有害性を特定します．

危険性

① 機械による危険性．
② 爆発性の物，発火性の物，引火性の物，腐食性の物による危険性．
③ 電気，熱などのエネルギーによる危険性．
④ 作業方法から生ずる危険性．
⑤ 作業場所(墜落の恐れのある場所・物体の落下する恐れのある場所など)の危険性．
⑥ 作業行動から生ずる危険性．

有害性

① 原材料，ガス，蒸気，粉じんなどによる有害性．
② 放射線，高温，低温，超音波，騒音，振動，異常気圧などによる有害性．
③ 作業行動から生ずる有害性(腰痛・頚肩腕症候群など)．

2） 危険性または有害性の表現の仕方

危険性または有害性は,「～しているとき～して～になる」と表します.一例を示すと,

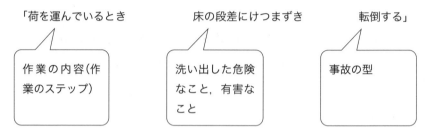

という具合です．これは,「災害に至るまでの予想される経緯」を明らかにしたものです．

4.2 リスクアセスメントの進め方

監督者による危険性または有害性の特定までのプロセス

```
                危険性または有害性        労働災害に至るプロセス
                の分類を考慮する          (危険・有害なものと人と
                                          の接触)を考える
                        ↓                         ↓
作業を必要      →  作業単位の         →     危険性または
な単位に分          危険性また                は有害性を
ける                は有害性を                特定する
                    洗い出す
                        ↑
・事故・災害
・ヒヤリ・ハット
・安全衛生パトロールの指摘事項
・KY活動で出た危険性または有害性
・整理整頓活動記録
・チョコ停
・作業計画書・作業手順書
・社内安全衛生基準
```

「〜しているとき〜して〜になる」と表現する

危険性または有害性の特定で心がけること

> **危険性または有害性の特定で心がけること**
> ① 監督者と作業者が中心となって行う．
> ② 必要に応じて，スタッフなどの専門的知識をもっている人に応援を依頼する．
> ③ これまでの災害，ヒヤリ・ハットを参考にする．
> ④ 自社の作業者はもとより，派遣，請負の作業者の意見も活かす．
> ⑤ 作業者の疲労などの付加的影響を考えておく．

監督者は，普段から職場の危険性または有害性について考え，現状を把握しているはずなので，危険性または有害性を洗い出すことは，あまり困難なことではないと考えられます．

(2) ステップ2：リスクの見積り

リスク低減の優先度を決定するため，危険性または有害性により発生するおそれのある負傷または疾病の重篤度と，それらの発生の可能性の度合いをそれぞれ考慮して，リスクの見積りを行います．

1) リスク見積りの3つの方法

リスクの見積り方法には，
① マトリックス図を用いる方法
② 枝分かれ図を用いる方法
③ 数値化による方法

があります．なお，優先度については，ここでは3ランクにしていますが，4ランクあるいは5ランクとすることも可能です．

① マトリックス図を用いる方法

この方法の便利なところは，一目でリスクの大きさがわかることで

す.

マトリックス図を用いる方法

		負傷または疾病の重篤度			
		致命的	重大	中程度	軽度
負傷または疾病の発生可能性の度合い	極めて高い	5	5	4	3
	比較的高い	5	4	3	2
	可能性あり	4	3	2	1
	ほとんどない	4	3	1	1

	優先度	
5〜4	高	直ちにリスク低減措置を講ずる必要 措置を講ずるまで作業停止 十分な経営資源を投入する必要
3〜2	中	速やかにリスク低減措置を講ずる必要 措置を講ずるまで作業停止が望ましい 優先的に経営資源投入
1	低	必要に応じてリスク低減措置を実施

② 枝分かれ図を用いる方法

2つに分岐していく方法ですので，誰でも比較的簡単にできるというメリットがあります．ただし，二者択一で分岐していくので，密度の高い分析は期待できません．

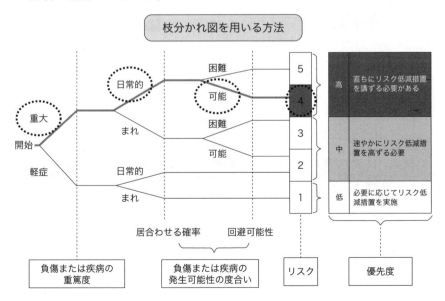

③ 数値化による方法

　数値化による方法を用いる危険性または有害性の見積りは，数値を用いないものより，リスクの大きさが明確に表わせるという利点があります．一般的には，リスクの大きさが明確になるため，数値化による方法が多く用いられています．

　見積りは，「重大性」と「可能性」の度合いで行いますが，このほかに「頻度」を加えて行う方法も多く見られます．これは，「頻度」を加えた方が，より適切な見積りになるとされているからです．

　「重大性」，「可能性」，「頻度」は，それぞれ3～5ランクに分けられます．ランクが多い方が詳細な分析が可能ですが，それだけ複雑になります．したがって，事業場に合ったランク分けをするとよいでしょう．

重大性と可能性を数値化する方法の例

負傷または疾病の重篤度

致命的	重大	中程度	軽度
30点	20点	7点	2点

負傷または疾病の発生可能性の度合い

極めて高い	比較的高い	可能性あり	ほとんどない
20点	15点	7点	2点

「リスク」＝「重大性」の数値＋「発生可能性」の数値

リスク		優　先　度
30点以上	高	直ちにリスク低減措置を講ずる必要／措置を講ずるまで作業停止／十分な経営資源を投入する必要
10～29点	中	速やかにリスク低減措置を講ずる必要／措置を講ずるまで作業停止が望ましい／優先的に経営資源投入
10点未満	低	必要に応じてリスク低減措置を実施

重大性と可能性と頻度を数値化する方法の例

[重大性の基準例]

重大性	評価点	内　容
死亡・障害	10	死亡・障害が残るけが
重傷	6	休業災害(完治可能なけが)
軽傷	3	不休災害
微傷	1	手当後，直ちに元の作業に戻れる怪我

[可能性の基準例]

可能性	評価点	内　容
確実である	6	かなり注意していても災害になる
可能性が高い	4	通常の注意では災害になる
可能性がある	2	うっかりしていると災害になる
ほとんどない	1	特別注意していなくても災害にならない

[頻度の基準例]

頻度	評価点	内　容
頻繁	4	頻繁に接近する
ときどき	2	トラブル，修理などでときどき立ち入る
ほとんどない	1	接近することは滅多にない

　これまで説明してきた3つのリスク見積り方法のうち，それぞれの事業場に合うものを選べばよいでしょう．

2) リスクの見積り計算

　リスクの大きさは，「重大性」，「可能性」，「頻度」の度合いの組み合

わせで表します．組み合わせの方法には，足し算方式と掛け算方式があります．

■足し算方式の例

評価点数＝　重大性　＋　可能性　＋　頻度
　　　　　　3点　　＋　　4点　　＋　4点　＝　11点

リスクレベルとリスク低減措置の例

リスクレベル	評価点	リスクの内容	低減措置
レベル4	14〜20	重大な問題がある	直ちに中止または改善する
レベル3	9〜13	問題がある	速やかに改善する
レベル2	5〜8	多少問題がある	計画的に改善する
レベル1	3〜4	ほとんど問題はない	状況により改善する

足し算方式の利点は，数値が大きくならないため，計算しやすいことです．ただし，見積り点数が小さいため，評価点のばらつきは小さくな

ります．これに対して掛け算方式は，数値が大きくなり，計算しづらいという不便さはありますが，評価点のばらつきが大きくなり，差異が判断しやすくなります．

掛け算方式は，見積りを「重大性」と「頻度」の2つの組み合わせで行う場合に多く用いられます．

3) リスクの見積りにおける留意事項
① あらかじめ定めた判断基準でリスクを見積もる．
② 具体的に誰が，どのように怪我をするか予測して見積もる．
③ 過去の災害でなく，現時点での最悪の状況を想定して重大性を見積もる．ただし，極端なケースは想定しない．
④ 有害性が立証されていない場合でも，一定の根拠がある場合は，その根拠にもとづき見積もる．
⑤ 直接作業する作業者だけでなく，関係する作業者も検討に加える．
⑥ 多数決でなく，議論して見積もる．

(3) ステップ3：優先度の設定・リスク低減措置の検討

リスクの見積りに引き続き，リスクの優先度の設定を行います．見積った危険度にもとづいて，優先度を決めます．対策の実施は，ランクの高いリスクを最優先し，順次，ランクを下げていくことになるので，優先度の設定は重要です．

リスク低減措置の検討は，次の優先順位で行います．

リスク低減措置決定の手順

| 1. 計画時の対策 | 危険な作業の廃止・変更など，設計や計画段階における対策 |  |

| 2. 工学的対策 | 安全装置，ガード，インターロック，局所排気装置などを設置するなどの本質的な安全対策 |  |

| 3. 管理的対策 | マニュアルの整備，立ち入り禁止措置，暴露管理，教育，訓練，健康管理などの作業者の管理面での対策 |  |

| 4. 保護具による対策 | 墜落制止用器具，呼吸用保護具，耳栓をするなどの保護具による対策 |  |

　保護具による対策は，「計画時の対策」，「工学的対策」，「管理的対策」による措置によって除去されなかった危険性または有害性に対して行う措置ということになります．

(4) ステップ4：リスク低減措置の実施

リスクの低減措置は，リスクの優先度の高いものから順次実施していくことが原則です．しかしながら，措置に相当な費用や時間がかかる場合や，生産活動に影響が出る場合は，監督者は上司の管理者に報告し，適切な措置が決められてから実施する必要があります．また，このような場合には，暫定的な措置を検討したうえで，適切な措置をすぐに実施できない理由を作業者及び関係者に説明することが大切です．

リスク低減措置を実施しても，残存リスクは残ることになります．この残存リスクが，どの程度の大きさのものであるのかを把握しておく必要があります．この場合，どの程度の残存リスクまでなら許されるのかを決めておく必要があります．

たとえば，残存リスクはレベル2までと決めてリスク低減措置を実施した場合，実施後の残存リスクがレベル3以上であるなら，もう一度，リスクアセスメントをやり直すことになります．

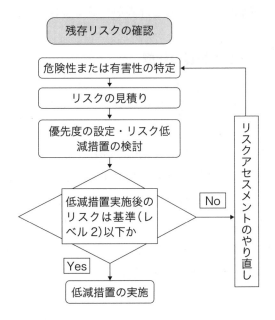

リスクアセスメントの対策評価のためには，p.97の「リスクアセスメントの対策評価表」を用いると評価が容易にできます．

(5) ステップ5：記録の作成

リスクアセスメントを実施したら，その記録を残すことが重要です．記録は見やすいものとし，その後のリスクアセスメントに反映することが重要です．

リスクアセスメントを実施して措置を講じても，危険性または有害性がすべてなくなってしまうことはまれです．ほとんどの場合，残存リスクが残っています．職場の危険性または有害性は，技術革新や原材料の改良により変化します．したがって，この残存リスクについても絶えず見直す必要があります．このようなときに，しっかりした記録を取っておくと，適切な対応が容易にできます．

リスクアセスメントの対策評価表

作業の区分	作業のステップ	危険性または有害性	見積り 重大性	見積り 可能性	見積り 頻度	見積り 評価	見積り 危険度	リスクの防止対策	実施者	対策後の評価 重大性	対策後の評価 可能性	対策後の評価 頻度	対策後の評価 評価	対策後の評価 危険度	優先順位	対策日時
3	フォークリフトを走行させる	荷を積みすぎて、前方が見えない状態で運転し、歩行中の作業者をはねる	10	4	1	15	4	荷は、前方が見える位置以上には積まない	運転者	6	1	1	8	2	1	○年○月○日まで
3	フォークリフトを走行させる	スピードを出しすぎて、荷を落下させ歩行中の作業者に当てる	10	2	1	13	3	制限スピードは、必ず守る	運転者	3	1	1	5	2	2	○年○月○日まで

> 記録すべき事項

① 実施年月日
② 実施者
③ 実施した作業名
④ リスクアセスメントの4つのステップ
　　1) 危険性または有害性の特定
　　2) リスクの見積り
　　3) 優先度の設定・リスク低減措置の検討
　　4) リスク低減措置の実施

4.3　化学物質のリスクアセスメント

　2016年(平成28年)6月に施行された改正労働安全衛生法により，所定の化学物質(2017年3月時点では663の化学物質)について，業種や事業の規模を問わず，すべての事業者は，これらの化学物質を取り扱う際は，リスクアセスメントを実施することが義務づけられました．

　このリスクアセスメントの対象となる化学物質については，容器などに絵表示がなされており，安全データシート(SDS)が情報として示されています．

(1)　化学物質のリスクアセスメントの実施方法

　化学物質のリスクアセスメントは，化学物質のばく露による健康への影響と爆発・火災などによる危険の両面から，リスクを見積り，低減措置を立案して実施しなければなりません．

　まず，表示及び安全データシートで，危険性または有害性を特定します．

　リスクの見積については，次の2つの方法及びこの2つを併用する

方法があります．

① 対象物が危険を及ぼし，または健康障害を生ずるおそれの程度(発生可能性)と，危険または健康障害の程度(重篤度)を考慮する方法．

② 対象物にさらされる程度(ばく濃度など)と，この対象物の有害性の程度を考慮する方法．

化学物質の見積もりについては，厚生労働省の「職場のあんぜんサイト」(下記アドレス参照)にコントロール・バンディング法が掲載されているほか，様々な方法が出されています．

(http://anzeninfo.mhlw.go.jp/user/anzen/kag/ankgc07_1.htm)

その後，2022年(令和4年)5月31日に労働安全衛生規則等の改正が公布され，①事業場における化学物質の管理体制の強化，②化学物質の危険・有害性に関する情報の伝達，③リスクアセスメントに基づく自律的な化学物質管理の強化がはかられました．(施行は，2023年4月1日または2024年4月1日)

この改正の主なものは次のとおりです．

(1) 労働安全衛生法に基づくラベル表示，安全データーシート(SDS)等による通知とリスクアセスメント実施義務の対象となる物質の順次追加

(2) 化学物質管理者および保護具着用管理責任者を選任

(3) リスクアセスメント対象物に関する事業者の義務として，

　① 労働者がリスクアセスメント対象物にばく露される濃度の低減措置

　② この低減措置の内容と労働者のばく露の状況について，労働者の意見の聴取，記録の作成・保存

(4) リスクアセスメントの結果に関する記録の作成と保存

4.4 リスクアセスメントの効果

リスクアセスメントを実施し，効果的に運用すると，次のような効果が期待できます．
① リスクに対する認識が共有できる．
② 職場の危険性または有害性を洗い出すことができ，適切な対策が可能となる．
③ 安全対策が合理的な優先順位で決定できる．
④ 機械や設備の本質安全化が期待できる．
⑤ 残存リスクが一定のレベルに達するまでリスクアセスメントを繰り返すことで，安心，安全な職場が達成できる．

第5章 作業手順

5.1 作業手順書とは

(1) 作業手順書の必要性

作業手順書とは，山登りのときに使う地図のようなもので，現場で作業するときの道しるべとなるものです．作業手順書は，「作業で発生する"ムリ，ムラ，ムダ"を取り除き，安全かつ効率的に作業を進めるための，最も良い順序と急所を示した文書」です．

職場へ未熟練作業者あるいは派遣労働者などの作業に慣れていない人が配属されてきた場合，作業手順書がないと監督者は何をどう教えてよいかわかりませんし，配属されてきた人も，作業手順書がないと仕事にどう取り組んだらよいのか理解できません．また，新しい機械や材料を使用する場合についても，作業手順書は欠かせない重要なものです．

作業手順書はこのように重要なものであるため，監督者は，日常の作業において，部下が作業手順書にもとづいて作業するよう，教育し，監督し，不都合があれば改善するという大事な職責を負っています．

作業手順書のほかによく使われる用語に，作業標準があります．『安全衛生用語辞典』では，この違いを「作業手順は，作業標準を受けて，

単位作業または要素作業ごとに使用材料，使用冶工具，個々の作業者が行うべき動作，作業上の注意事項，異常発生時の監督者への報告などを規定したものである」としています．しかし，実態としては，作業手順書の呼称は，企業，事業所によってさまざまです．

最近の作業手順書の特徴として，リスクアセスメントが取り入れられたことがあげられます．これまでの急所などに加えて，「危険性または有害性，見積り，対策」などのリスクアセスメント項目が取り入れられ，安全衛生に関する事項が充実されてきています．

作業手順書の目的と効果

目的
① 現場作業の道しるべ
② 新人作業者，未熟練作業者あるいは派遣労働者に早く，正しい作業の手順が教えられる

効果
① ムリ，ムラ，ムダが省ける
② 安全にできる
③ 良いものができる
④ 効率的にできる
⑤ 危険性または有害性が低減できる

(2) 作業手順書の必要項目

① 納得して使えるものにする

作業者の意見をよく聞き，作業に従事する人が納得して使えるものにします．

② 見やすく，わかりやすくする

作業者がわかりやすいようにイラストを活用し，なじみやすく，わかりやすくすることを心がけます．また，数値で表せるものは数値で表すと明確になります．たとえば，「しばらく冷やして」と表現するよりも，「約3分間冷やして」とする方がわかりやすくなります．

③　事故や災害あるいは品質の不具合など，過去の反省を活かす

同じ災害は，絶対に繰り返してはいけません．このため，再発防止対策を手順の中にしっかり組み込んでおくことが重要です．

④　リスクアセスメントを取り入れる

作業から生ずる危険性または有害性を見積もり，危険度の高いものについては除去・低減する対策が講じられていることが必要です．

⑤　法令あるいは社内基準に違反しない

⑥　異常時の措置についても定めておく

機械や装置の稼働中に，異常な騒音や振動が生じたり，温度が上昇したり，有毒ガスが漏れるといったことがあります．このような異常時には，適切かつ迅速な対応が求められます．初期対応のよし悪しが，その後の事故や災害の重大化に繋がるか否かを決定することになるため，異常を発見したときの対応の基本手順を定めておくことは重要です．

5.2 作業手順書の作り方

(1) 誰が作るのか

作業手順書は，監督者が部下の作業者を参画させ，作業者の意見を十分に取り入れて作成します．そして，この作業手順書を上司や社内の委員会に提出して決裁を受けます．安衛則でも，その第40条に定める「職長等の教育事項」の最初の項目として，「作業手順の定め方」をあげています．

(2) 対象作業は

作業手順書は，作業全般について作成することが望まれます．作成の順番としては，危険性または有害性の高い作業，品質などで高度な要求がある作業などを優先するとよいでしょう．

(3) 作業の分類

作業は，次の要領で分類します．まず「作業手順書を作成する対象作業」を決めます．そして，それらの作業を「まとまり作業」として整理し，次にその「まとまり作業」を構成する「単位作業」に分けます．最後に「単位作業」を「要素作業(主なステップ)」として羅列します．主なステップは，作業を進めるうえでの作業者の主な作業行動です．したがって，主なステップには，品質，コスト，能率，納期，安全衛生のポイントをすべて入れる必要があります．

事業所によっては，作業手順書として書かれたものがないこともありますが，手順そのものはあるはずです．したがって，現在行っている作業のステップを書き出すことから始めると，作業の分類が容易に進められます．

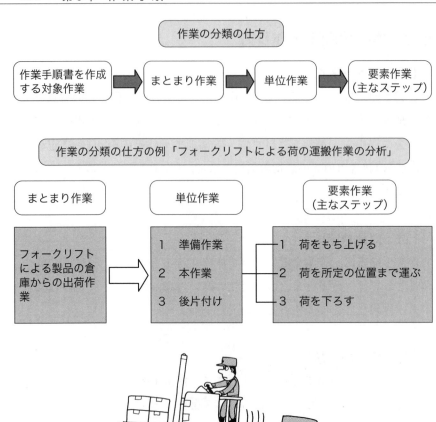

(4) 主なステップを見直す

　監督者は，次の「作業分解書」と実作業とを見比べながら，主な作業のステップを作成していくことが大切です．

　主な作業のステップができあがったら，次の事項について検討しま

作業分解書の例

作業分解書			
		作成年月日	年　　月　　日
		作成者氏名	
作業名		機械・工具	
資格		原材料	
保護具		部品	
No.	主なステップ	急所	急所の理由
	仕事を進めるための主な作業手順	・品質，コスト，能率，納期，安全衛生を満足させるための作業のポイント ・仕事をやりやすくするための「カン」や「コツ」	

す．

① ステップの数は多すぎないか．

② 不要なステップはないか．

③ ムリ，ムラ，ムダはないか．

④ 作業の順序は時系列で正しいものになっているか．
⑤ 動作の速度は適正か．
⑥ 作業台，工具などは使いやすいものか．
⑦ 危険性または有害性は低減されているか．
⑧ 作業姿勢に無理はないか．

(5) 急所を決定する

急所は，主なステップの「最も重要な項目」を示すもので，「品質，コスト，能率，納期，安全衛生」の各項目を満足させるための作業行動のポイントです．作業者がよくわかるように，「作業者が日常使っている言葉」で，「カンやコツ」といった仕事の押さえどころを入れ込むことが重要です．

(6) 急所の理由

急所の理由には，「なぜそれが急所であるか」を記入します．安全の急所については，「誰の安全のために」ということも含めて記入するとよいでしょう．

5.3 作業手順書の整理の仕方

　監督者は，できあがった作業手順書を上司に提出します．提出された作業手順書は，それぞれの企業のルールにもとづいて決済されますが，決済を受けた作業手順書については，利用しやすいように整理番号などをつけて整理保管し，安全管理部門などへ登録しておかなければなりません．なお，課や係の整理番号などが決められている場合は，そのルールにのっとって処理する必要があります．

　整理保管が確実にできていれば，新人作業者などに作業手順を教える必要が生じたとき，あるいは作業手順書の改訂が必要となったときなど，すぐに作業手順書を引き出して活用することができます．

整理項目の例

① 整理番号・コード番号
② 作業分類番号
③ 制定年月日
④ 改正年月日
⑤ 職場名
⑥ 作業名
⑦ 作成者

5.4 作業手順書の見直し

(1) 作業方法の改善

　監督者は，部下と機械設備を託され，計画に従って作業を遂行しています．そのため，監督者は常に作業が計画通りに進んでいるかを把握しておかなければなりません．また，作業手順書通りに作業が進められて

いるか，職場を巡回し，指導・監督する必要があります．

職場では，すべて予定通りに事が運ぶとは限りません．材料の遅延，機械設備のトラブル，整理整頓の乱れなどにより，予期せぬ出来事が起こり，ムリ，ムラ，ムダが発生したり，災害のリスクが高まったりします．

監督者は，ムリ，ムラ，ムダや災害のリスクが高まっていないか注意を払い，発見したときは，直ちに是正のための改善措置を行わなければなりません．

技術の進化，合理化による組織の変化，作業者の高齢化と派遣作業者の増加など，作業形態，作業状況の変化を見極めて，災害のリスクを低減し，安全に，よいものを，効率的に作れるように作業方法を改善していくことが，監督者の重要な職務です．

1） 作業方法を改善する目的
① 作業のムリ，ムラ，ムダをなくす

作業には，ムリ，ムラ，ムダが起こるものです．これを見逃していると，どんどん悪化していくので，早く手を打つことが大切です．

② 作業の危険性または有害性を低減する

作業にともなう危険性または有害性は，できるだけ早く取り除いておかなければなりません．そのためには，リスクアセスメントの手法を活用して，作業手順書を見直すことが大切です．

③ 作業者をヤル気にさせる

毎日の作業で不具合，不便を感じていたことが改善されれば，作業者もヤル気になり，職場の雰囲気が良くなるとともに，モチベーションも高まり，さらには，より多くの改善に結びついていくことになります．

このような目的を達成するためには，日ごろから問題意識をもち続けることが大切です．「どうすれば，さらに良くなるだろうか」という意識をもち続けることなしに，改善は進みません．

2) 改善を進める4段階法
① 改善の対象となる作業

監督者が作業を監督していて，あるいは安全巡視をしていて気になることがあれば，その作業は改善の対象になります．

改善を必要とする作業の例

① 作業手順書で決められているのに守られていない作業
  ・作業手順書では必ず守ることとされているが，作業者が守らない作業．
② ムリ，ムラ，ムダのある作業
  ・作業に手間がかかりすぎる．
  ・不適合品が多く発生している．
  ・コストが高い．
  ・手待ち時間が多い．
③ 工程に遅れの出る作業

・一連の工程の中で遅れが目立つ作業.
④　疲労の激しい作業
　・作業姿勢に無理がある.
　・身体に対する負荷が大きい.
　・緊張する時間が長い.
⑤　作業環境が悪い作業
　・有害物，有害ガス，粉じん，騒音，温熱などの条件が悪い作業場.
　・照明，換気などの条件が悪い作業場.
⑥　災害のリスクが高い作業
　・機械設備ではさまれ，巻き込まれる危険のある作業.
⑦　作業者からの苦情が多い作業
　・作業者が避け，やりたがらない作業.

②　作業改善の4段階法

　作業の改善は，次の4段階法を活用すると効果的に行うことができます.

```
          ┌──────────────────┐
          │ 作業改善の4段階法 │
          └──────────────────┘
```

| 第1段階
現状分析 | 作業を特性要因図などを使って詳細に分析する |

| 第2段階
問題点の発見 | 5W1H法を用いて問題点を洗い出す |

| 第3段階
改善策の検討 | ブレーンストーミング法を活用し，改善点を考える．
「取り去る」，「結合する」，「組み替える」，「簡単にする」という4つの展開方法を考える． |

| 第4段階
改善策の実施 | 改善した方法を実施する．実施のための雰囲気作りも大切 |

a) 現状分析（第1段階）

　作業手順書の「作業の主なステップ」から，作業の手順を作業者の行動，動作，すなわち「要素作業」にまで踏み込んで詳しく分析します．たとえば，「ボルトをゆるめる」というのを「モンキーレンチが外れないように注意しながら，ゆっくり回す」というように分析します．この場合，現地で現状を確認し，現場で実作業をやらせてみて，一つひとつ書きあげていくことが望ましい姿です．

　この「要素作業」の分析には，作業手順書の作成の「主なステップを見直す」で取り上げた「ムリ，ムラ，ムダはないか」，「作業の順序は時系列で正しいか」などの項目，さらに「頻度」，「作業量」，「移動に要する距離」なども考慮する必要があります．

b) 問題点の発見(第2段階)

分析した「要素作業」について，5W1H法で問題点を洗い出します．

① なぜ必要か(Why)．
② 何をするのか(What)．
③ どこですることになっているのか(Where)．
④ いつすることになっているのか(When)．
⑤ 誰がすることになっているのか(Who)．
⑥ どのような方法ですることになっているのか(How)．

この際，社内基準に外れているものがあれば当然問題ですが，現在発生している不具合や不便など，問題につながるものはすべて洗い出すとよいでしょう．

c) 改善策の検討(第3段階)

5W1H法で洗い出した問題点を，「取り去る(不要な作業をなくす)」，「結合する(いくつかの要素作業を1つにまとめる)」，「取り換える(順序を入れ替える)」，「簡単にする」の4つの項目に照らし合わせて，改善

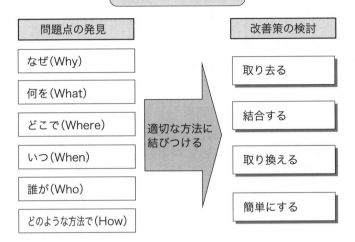

策を検討します．

　改善策は，検討に参加する作業者の想像力をかきたて，良い着想を生み出すことが大切です．このような発想を生み出す方法にブレーンストーミング法があるので，ぜひ活用してください．

ブレーンストーミング法とは

　ブレーンストーミング法は，発想支援技法で，複数の人が集まり，既成概念にとらわれずに自由奔放に意見を出し合い，あるテーマについて何らかの解決方策を見つけ出そうとする技法です．

＜ブレーンストーミングの4つのルール＞
① **自由奔放**に意見やアイデアを出し合う
② 他の人の**意見を批判しない**
③ できるだけ**多くの意見やアイデア**を出し合う
④ 出てきたアイデアを**便乗発展**させる

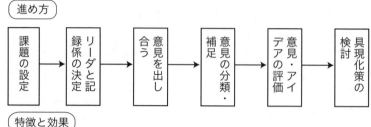

① 特定したテーマについて，何らかの解決策が手に入りやすい．
② 参加者の創造的問題解決の能力が向上する．
③ チームワークが強化される．

d) 改善策の実施（第4段階）

　改善策は，上司，部下及び関係者の了解をとったうえで実施します．しかし，馴れ親しんだ方法を変えることには抵抗が多いものです．そのため，その改善が画期的なものであるほど，抵抗が強くなることを十分認識しておかなければなりません．

　改善結果は，作業手順書に反映させ，実作業で使われるように工夫することが大切です．

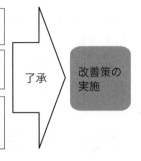

(2) 作業手順書の見直し改善

作業手順書の見直しは，計画を立てて，たとえば6カ月，1年おきに，全部門で一斉に行うとよいでしょう．

そのほか，次のような場合には，見直しが必要です．

① 作業方法，機械設備，原材料の変更時

作業方法，機械設備，原材料に変更があったときは，直ちに作業手順書を改訂しなければなりません．改訂が遅れると，品質，コスト，納期，安全衛生のすべての面に大きな影響を及ぼすことになります．

② 災害，ヒヤリ・ハットの発生時

災害やヒヤリ・ハットが発生した場合は，その発生原因を分析して，同じことが二度と起こらないように作業手順書を見直す必要があります．

特に，災害については，災害内容を徹底的に分析して，同種の災害も含めて再び職場で災害が発生しないよう，作業手順書を改訂することが重要です．

③ 作業手順書が守られていない

作業手順書は，作業者にとっての教科書であり，最も良い作業を行うためのよりどころであるはずです．しかし，作業手順書を守らず，一部

の作業について自己流で行っている作業者がいることがあります．作業手順書は，「"ムリ，ムラ，ムダ"を取り除き，安全かつ効率的に作業を進めるための順序と急所を示した文書」ですから，たとえ一部の作業といえども，守らないことを放置するわけにはいきません．

監督者としては，「なぜ守られないのか」を調べたうえで，作業手順書を守らせなければなりません．

監督者は，日ごろから作業手順書に関する情報を集め，より良い作業手順書を作成し，その活用を目指さなければなりません．改善がなされていない作業手順書は，正しい作業を進めるうえでの支障となります．

5.4 作業手順書の見直し

作業者が作業手順を守らない要因とその解決方法は次の通りです．

作業者が作業手順書を守らない要因とその解決方法

守らない要因	解決方法
作業手順書がよくわかっていないため，手順通りにできない	本人のヤル気の問題も含めて，教育方法を見直し，完全に作業手順書が習得できるようにする．
作業手順書はわかっていても，自己流にこだわり，手順通りに作業していない	自己流と作業手順書のやり方の違いを示し，自己流ではどのような支障が出るのか，本人の納得がいくまで教育する．
作業手順書のできがよくない	作業者の意見を謙虚に汲み上げ，作業手順書を改善しなければならない． また，作業手順書の作成時はもとより，改訂時にも作業者を積極的に参加させ，作業者に「自分たちが考えた作業手順書である」との認識をもたせることも重要である．

作業者から出される意見には，次のようなものがある．
- 作業の必要性のみ強調されていて，作業のステップが実際と合っていなかったり，作業性が悪かったりする．
- 細かく規定しすぎていて，かえってわかりにくい．
- 内容が理解しにくく，使いにくい．
- 部品の一部が変更されているのに，作業手順書は改訂されていない．

5.5 非定常作業における作業手順書

　毎日決まった場所で，同じ作業を繰り返している「定常作業」での災害発生件数は多くありません．一方，故障した機械や設備の修理，復旧作業や部品交換などの保全作業，いわゆる「非定常作業」とされているものの災害は多く見られます．非定常作業の場合，時間的余裕がなく，作業内容もその場対応となることが多いことから，十分な検討もなく，作業手順書も作らずに作業に取りかかるため，災害につながると考えられます．

　毎日決まった場所で，同じ作業を繰り返している定常作業では，作業手順書は作成しやすく，機械設備の変更，原材料の変更などがない限り，作業手順書に沿って作業を続けることができます．しかし，非定常作業は，突発的あるいは臨時の作業なので，作業手順書を作っても役立たないとされていることが多いのです．

　しかし，非定常作業といっても，周期的に行われる点検，注油，検査のような作業，あるいは故障が起こりやすい機械や設備の一定箇所の修理作業などは，あらかじめ作業手順書を作成しておくことが可能です．また，このような非定常作業が発生した場合に，作業手順書を活用することは可能です．

　非定常作業でも，あらかじめ作業手順書を作成し，準備しておけるものと，作業手順書を準備しておけないものとに分けて，その対応策を考えるべきです．

（1）　作業手順書をあらかじめ準備しておける非定常作業

　周期的に行われる点検，注油，検査のような作業，あるいは故障が起こりやすい機械や設備の一定箇所の修理作業などは，前回の状況や対応策なども参考にして，あらかじめ作業手順書を作成しておくとよいでし

ょう.

この作業手順書では,次の項目について考慮します.
① 作業箇所への立ち入り禁止措置.
② 安全措置の作業前の確認.
③ 自動化された機械設備の誤操作の防止措置.

実際にこれらの非定常作業が発生した場合は,あらかじめ作成している作業手順書を見直し,現状に合ったように修正して対応することが大切です.一から作業手順書を作成するよりも,数段迅速な対応が可能です.

(2) 予期しない故障などの非定常作業

予期しない故障や部品の交換などは,あらかじめ作業手順書を作成しておくことが困難です.

このような非定常作業については,ケースバイケースで対応することになりますが,次の手順を踏んで対応すれば,適切な措置が可能です.

① 関係者が集まり,どのような故障などが発生しているのか,事実を確認する.
② 対応策を協議し,作業の進め方のフローチャートを作成する.

このフローチャートは,作業手順書に準じたものが使いやすく,実践的です.また,複数の作業者が混在して作業する場合は,連絡調整を十分に行うことが大切です.

③ KY,ツールボックスミーテーングを開催して,作業者にそれぞれの作業を指示し,作業方法,安全を確認する.
④ 危険な作業では,監督者が直接指揮することも必要である.
⑤ 監督者は,非定常作業の現場を重点的に巡視する.

ツールボックスミーティングとは

　ツールボックスミーティング（Tool Box Meeting）は，TBM ともいわれています．監督者を中心に作業者が道具箱の付近に集まり，その日の作業内容，方法，安全衛生について申し合わせを行い，実行に移すためのミーティングのことです．
　このミーティングを効果的に行うために次のルールがあります．
① 事前にテーマを用意しておく．
② 5〜10分で手際よく，簡潔に行う．
③ 必要に応じてホワイトボードなどを用意する．

5.6　リスクアセスメントを取り入れた作業手順書

　安衛法が改正されて，リスクアセスメントの実施が求められたことを受け，作業手順書にもリスクアセスメントの手法を取り入れるようになってきました．「リスクアセスメント作業手順書」といわれているものです．
　リスクアセスメント作業手順書は，従来の作業手順書にリスクアセスメントの手法を使い，作業のステップごとに「危険性または有害性」，「見積り」，「対策」を追加したものです．これにより「安全衛生」の確保が充実，強化できることとなりました．

（1）　リスクアセスメント作業手順書の作り方

　リスクアセスメント作業手順書は次の手順で作成します．

5.6 リスクアセスメントを取り入れた作業手順書

リスクアセスメント作業手順書の作り方

- **第1段階**: 作業手順書を作成する対象作業を決める

- **第2段階**: 作業を分類する
  - まとまり作業 → 単位作業 → 主なステップ（要素作業）

- **第3段階**: 主なステップについて，次のことを行う
  - ・最も良い順序に並べる．
  - ・急所を決める．

- **第4段階**: ステップごとにリスクアセスメントを行う
  - ・危険性または有害性を洗い出す．
  - ・見積もる．
  - ・対策を立てる．

ステップごとのリスクアセスメントは，次のように行います．

ステップごとに行うリスクアセスメント

危険性または有害性の洗い出し	・ステップごとに予想される危険性または有害性を洗い出す
危険性または有害性の見積り	・「重大性」，「可能性」，「頻度」に分けて見積もる
危険性または有害性の除去・低減策の立案	・危険度を考慮した対策を立てる ・対策の優先順位（①計画，②機械設備，③人・管理，④保護具）も考える

なお，見積りなどの詳細については，第4章「監督者が進めるリスクアセスメント」(p.88)に記載しています．

リスクアセスメント作業手順書の例としてあげた，次ページの「天井クレーンの玉掛け作業のリスクアセスメント作業手順書」と，これまでの作業手順書とを比較していただくと，その違いがよくわかります．

(2) リスクアセスメント作業手順書の効果

リスクアセスメント作業手順書を作成することで，次のような効果が期待できます．

① 作業に潜む危険性または有害性を確実に洗い出せる．
② 作業の危険性または有害性を見積もることで，どのステップに最も優先して取り組むべき危険性または有害性が含まれているかがわかる．
③ 危険性または有害性の防止対策について「計画→機械設備→人・管理→保護具」の順序で検討するので，適切な対策が立てられるようになり，さらには本質安全化の推進が期待できる．

天井クレーンの玉掛け作業の作業手順書(リスクアセスメントを含む)例

作業区分	番号	手順(主なステップ)	急所(安全にやりやすく)	危険性または有害性	重大性	可能性	頻度	危険度	危険性または有害性の防止対策	実施者(誰が)
準備作業				この表では、本作業を中心に記入している	作業名等の項目を入れる					
準備作業	1	玉掛けをする・天井クレーンのフックを荷の中心に移動する・荷にワイヤーを掛ける・つり角を確認する	①2方向から荷の重心を見て	荷にじめる状態、荷のすわりをよく見て、補助者と2名でワイヤーローを掛ける	6	4	2	3	・荷の重心、にじめる状態、荷のすわりをよく見て、補助者と2名でワイヤーローを掛ける	玉掛者補助者
			②フックの真下に重心が来るようにする	ワイヤーローの吊り角度が大きく、過重となりワイヤーローが切断する	10	2	1	1	・重さの目測を行い、2方向から荷の重心を取り、吊り角度は30度〜60度以内として玉掛けする	玉掛者
		ワイヤーローを利かせる・介錯ローをつける・チョイ巻をする	③ワイヤーローの利き具合の確認	吊り荷を押さえ、微動巻上げ中、ワイヤーローと荷の間に手をはさむ	6	2	2	3	・ワイヤーローが張るまで手のひらで押さえ、微動巻上げの合図で張らせ一旦停止する	玉掛者
本作業	2	地切りをする・補助者を退避させる・荷を20〜30cm巻き上げて一旦止める	①補助者を退避させる	地切り作業中、急に巻き上げ荷が旋回し補助者に激突する	6	2	1	3	・地切りは、玉掛け補助者が荷から3メートル以上離れてから、微動巻上げの合図で20〜30cm巻き上げる	玉掛者補助者
			②荷を20〜30cm巻き上げ一旦止める	荷を止めるとき、振れた荷に当たる	3	2	2	2	・振れる荷に当たらない位置で荷をとめる	玉掛者
	3	巻き上げる・介錯ローで荷を誘導する・荷を吊り上げる	①介錯ローを使用する	荷が抜けて落下し、当たる	10	2	2	4	・介錯位置は、つり荷から3メートル以上離れておこない、介錯作業が終わればさらに離れる	玉掛者
			②つり荷から3m離れる	重さの目測違いで、ワイヤーローが切断し、荷が落下して当たる	10	4	1	4	・巻き上げ作業は、つり荷から3メートル以上離れ、介錯ローで誘導する	玉掛者
後始末				この表では、本作業を中心に記載している						

④ 作業方法と作業で発生する危険性または有害性とその対策を作業者にわかりやすく，確実に教えられる．
⑤ 作業の適切な指示，指導ができる．

第6章 機械設備の安全化

人間は，道具を使うことにより進化してきました．生産を飛躍的に増やせたのも，機械設備を使うことにより大量生産が可能となったからです．しかし，機械設備の大型化，複雑化，多機能化が進むとともに，さまざまな形態の新しい災害が見られるようになってきました．

製造業における機械設備による災害は，死亡災害では3割に達していて，休業4日以上の災害では，5割近くになっています．災害の型でいえば，「はさまれ・巻き込まれ」，「切れ・こすれ」と「激突され」です．

「はさまれ・巻き込まれ」で多く見られるのは，機械の回転部に巻き込まれる例です．手や指が直接巻き込まれることもありますが，衣服や保護具が先に巻き込まれて，災害になることが多くあります．「切れ・こすれ」は，回転する刃や歯に接触することにより発生しています．また，「激突され」では，クレーンや荷役運搬機あるいはその吊り荷，積み荷などに激突されることにより災害が発生している例が多く見られます．

機械設備による災害は，その件数も多く，また死亡災害につながる場合が多いので，その安全化は重要な課題です．

6.1 機械設備災害はなぜ発生するのか

作業者が機械を使って作業を行っている限り，機械との接触をすべて避けることは難しいことです．もちろん機械と接触しても，まったく危険のない部分であれば問題ありませんが，刃や歯，あるいは回転部などと接触すると，たちまち災害につながることになります．

機械災害の発生のメカニズムは，次の2つのパターンに分けることができます．

1) パターン1：機械の作業領域に入る場合

作業者が，機械と距離を保って作業している場合(A)は，災害は発生しません．しかし，機械に接近し，機械の作業領域に入る(B)と，災害発生の恐れが出てきます．

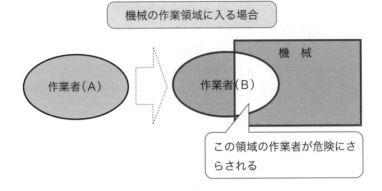

2) パターン2：機械の危険部位で作業する場合

作業者が機械の作業領域内で作業していても，機械の危険でない部位で作業(C)していれば，災害の発生の危険はありません．しかし，機械の危険部位で作業(D)をする場合は，災害の危険があります．

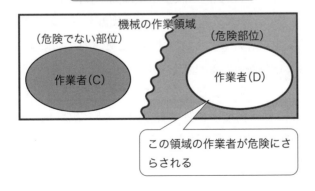

実際の災害では，多くの場合，機械設備の不安全な状態と作業者の不安全行動が絡んで発生します．

> 機械設備の不安全な状態と作業者の不安全行動
>
> **機械設備の不安全な状態**
> - 機械設備の本来機能の欠陥．
> - 安全装置の不備．
>
> **作業者の不安全行動**
> - 欠陥や故障があるのを知りながら使用する．
> - 安全装置を切って使用する．
> - 機械を本来の用途以外に使用する．
> - 機械が動いているのに持ち場を離れる．
> - 運転中に機械の注油，点検などを行う．

6.2 機械設備の本質安全化

機械設備の本質安全化は，機械設備の設計，製造段階において安全確保の方策を取り込むことと見ることができます．たとえ機械設備に事故や異常事態が発生しても災害に至らない，あるいは人間の誤操作や機械の故障が起きても災害に至らない状態に機械設備を設計，製造することが必要です．

厚生労働省の「機械の包括的な安全基準に関する指針」では，機械の製造などを行う者は，リスクアセスメントを実施し，その結果にもとづいて，「本質的安全設計方策」を実施することとされています．

この方策には，「労働者が触れるおそれのある箇所に鋭利な端部，角，突起物等がないようにすること」をはじめ，14の具体的方策が示されています．これらは，構造，材質などの面で危険のないものであること，安全機能が機械設備に組み込まれていること，フールプルーフやフェイルセーフ機能を有していることを具体的に示したものといえます．

フールプルーフとは

　機械設備の操作ミスや取扱ミスがあっても，機械設備が安全に保たれ，災害につながらないことです．「ポカよけ」ともいわれます．

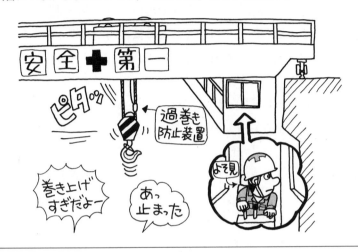

フェイルセーフとは

　機械設備が故障しても，そのまま暴走して災害につながることなく，安全を確保できる機能のことです．

6.3 機械包括安全指針

　機械設備の安全化については，ヨーロッパが先行していて，1985年にEU加盟国域内の機械などの安全性や規格の不一致を排除し，域内での製品の自由な流通の促進を目的とした「技術的整合性と標準化に関するニューアプローチ決議」を採択しています．EUは，その後この決議にもとづき，各種の指令，規格の制定などを行ってきています．

　わが国では，2001年(平成13年)に厚生労働省が「機械の包括的な安全基準に関する指針」を公表し，機械の安全について新しい方向性を打ち出しました．この指針は，2007年(平成19年)に安衛法の改正を受けて改められ，リスクアセスメント関連事項が加えられました．

　機械の包括的安全基準に関する指針は，リスクアセスメントの実施をベースにして，機械の設計，製造，改造または輸入を行う事業者(メーカー)と機械を労働者に使用させる事業者(ユーザー)が，それぞれの立場で，リスクアセスメントを活用した安全方策を講じることにより，機械による災害の減少を目指すものです．

機械とは

　連結された構成品または部品の組合せで，そのうちの少なくとも1つは，機械的な作動機構，制御部及び動力部を備えて動くものであって，特に材料の加工，処理，移動，梱包などの特定の用途に合うように統合されたものをいいます．

6.3 機械包括安全指針

```
       機械の安全化(メーカー・ユーザーが行う事項)

  メーカーが行う事項

  ┌─────────────────────────────────────────────┐
  │ (1) リスクアセスメント  ・使用される状況の特定      │
  │     の実施             ・危険源・危険状態の特定     │
  │                       ・危険源・危険状態のリスクの見積り │
  │                       ・リスクの低減の必要性の有無決定 │
  └─────────────────────────────────────────────┘

  ┌─────────────────────────────────────────────┐
  │ (2) メーカーによる    ┌──────────────────────┐ │
  │     安全方策の実施     │ ①本質的な安全設計方策の実施 │ │
  │                     └──────────┬───────────┘ │
  │                                ▼              │
  │                     ┌──────────────────────┐ │
  │                     │ ②安全防護及び追加の安全方策の実施 │ │
  │                     └──────────┬───────────┘ │
  │                                ▼              │
  │                     ┌──────────────────────┐ │
  │                     │ ③使用上の情報の作成    │ │
  │                     └──────────────────────┘ │
  └─────────────────────────────────────────────┘

       機械の受入       メーカーからの情報の提供

  ユーザーが行う事項

  ┌─────────────────────────────────────────────┐
  │ (1) リスクアセスメント  ①使用上の情報の内容確認     │
  │     の実施             ②現場の使用状況での機械の    │
  │                         リスクアセスメントの実施    │
  └─────────────────────────────────────────────┘

  ┌─────────────────────────────────────────────┐
  │ (2) 事業者による       ①本質的な安全設計方策のうち   │
  │     保護方策等の実施     可能なものの実施           │
  │                       ②機械に施す安全方策         │
  │                       ③作業管理的な安全方策        │
  └─────────────────────────────────────────────┘

              ┌──────────────────┐
              │   機 械 の 使 用   │
              └──────────────────┘
```

(左側:ユーザー(事業者)からの情報の提供)

機械の特性と安全

① 機械は，動力供給部分と機構部分から構成されているので，巻き込まれ・はさまれ災害の危険性が高い．
② 機械の動きには人間がコントロールできない部分があり，不意な動きや暴走する危険な面がある．
③ 機械は，安全性と信頼性の面で万全というものではないので，作業者が自らの安全確保を意識する必要がある．
④ 機械は，丁寧に大事に扱えばそれなりに応えてくれるので，日常的な点検・整備が必要である．

(1) メーカーが行う安全化の手順

メーカーが行う「本質的な安全設計」,「安全防護及び追加の安全方策」と「使用上の情報の提供」の手順を示します.

```
        メーカーが行う安全化の手順
```

リスクアセスメントの実施

↓ 安全方策の実施

本質的な安全設計の実施 — リスクアセスメントの結果にもとづき,設計の段階で本質的な安全設計を行う.
これが根本的な対策であり,最も重要である.

↓ 許容可能にならないリスク

安全防護及び追加保護方策の実施 — ガードまたは安全防護措置(光線式安全装置,両手操作式安全装置等のリスク低減のための装置)及び追加の安全方策(非常停止装置,動力源のしゃ断装機能など)を行う

↓ 許容可能にならないリスク

使用上の情報の提供
① 製造者の名称,住所,型式及び製造番号などの機械を特定するための情報.
② 機械の意図する使用目的及び使用方法.
③ 機械の仕様に関する情報.
④ 機械のリスクなどに関する情報.
⑤ 機械の使用などに必要な情報.
⑥ 予見される故意の誤った情報.

(2) ユーザーが行う安全化の手順

ユーザーが行う「使用上の情報の内容確認」，「保護方策の実施」の手順を示します．

```
┌─────────────────────────────┐
│ ユーザーが行う安全化の手順 │
└─────────────────────────────┘
```

| 使用上の情報の内容確認 | メーカーから提供された使用上の情報の内容を確認する |

リスクアセスメントを行う

| 保護方策の実施 | ① 本質的安全設計方策のうち，可能なものの実施(機械への加工物の搬入・搬出，または加工作業の自動化が可能なものを行う)．
② 安全衛生防護及び保護方策の実施．
③ 作業手順の整備、労働者教育の実施，個人保護具の使用など． |

第7章 労働衛生管理

7.1 有害作業環境とその管理

　労働衛生管理では，作業者に健康障害をもたらすことがないよう適切な措置を行うだけでなく，さらに進めて，快適な職場環境を形成することが重要です．そのためには，作業環境，作業方法，使用原材料と作業者のかかわりを明らかにして，経営トップの指揮の下，衛生管理者，産業医，監督者を中心として，労働衛生管理体制を確立するとともに，労働衛生教育を推進し，作業環境管理，作業管理，健康管理を総合的に進めることが必要です．

　有害な作業環境としては，高温，寒冷，騒音，振動，粉じん，有機溶剤，化学物質，酸素欠乏，硫化水素，紫外線，赤外線，レーザー光線，電離放射線などがあげられます．また，重量物取扱い作業，腰部に負担のかかる立ち作業の多い職場では，腰痛が多く発生しています．腰痛は，業務上疾病の約60％を占めており，正しい対策が求められています．

　監督者は，これらの有害作業環境に関し，作業者への影響，発症作業，予防対策などについてよく理解し，作業者の健康を守るように心がけることが大切です．

(1) 高温(熱中症)

項　目	内　　　容	
作業者への影響	高温多湿環境が原因で，全身性の温熱障害である熱中症を発症する． ①　熱虚脱 　　脳血流の低下による頭痛，虚脱感，めまいなどの発症． ②　熱けいれん 　　塩分を補給せず水分だけの補給でけいれんを発症． ③　熱疲労，熱射病 　　倦怠感，嘔吐，体温上昇．重症化し体温調節中枢不全を発症．	
発症作業	①　屋外作業：夏季の屋外作業や洋上作業 ②　屋内作業：炉前作業，金属・ガラスなどの溶融・加工作業， 　　　　　　　ビニールハウス作業，陶磁器・レンガの焼成加工作業	
作業者の要因	基礎疾患(糖尿病，高血圧，アルコール中毒，貧血など)，不眠，疲労	
予防対策	作業環境改善	換気，冷風送気，散水，熱源遮へい設備，屋根の設置(屋外)，休憩施設(日陰，冷房，臥床出来る広さの確保)，温度計・湿度計の設置
	作業負担軽減	高温作業許容基準遵守，作業強度軽減，作業時間短縮，休憩時間確保
	適正配置	作業者要因保有者の就労制限

項　目	内　　容	
予防対策	作業者対策	スポーツドリンク・水分・塩分の摂取，睡眠・休養の管理・指導，吸湿性・通気性の良い服装，帽子着用(屋外)，防熱服の着用
発症時の処置	・涼所で安静にする ・スポーツドリンク・食塩水(0.1～0.2％)の飲用 ・輸液治療(中等症以上)	

(2) 寒　冷

項　目	内　　容
作業者への影響	① 皮膚温の低下，特に手足の先の低下が大きい ② ふるえや意識の低下 ③ 手足などの抹消部位のこわばり，痛み，しびれ
予防対策	・十分な保温が得られる防寒衣服の着用． ・寒冷許容基準の遵守．

(3) 騒　音

項　目	内　　容
作業者への影響	大きな騒音に長時間暴露することにより騒音性難聴を発症する．発症の経過は次の通り． ① 初期の自覚症状は，音でいらいらする，耳鳴りなどで，その後聞こえにくさ，耳鳴りが目立ってくる． ② 初期には，4,000Hz付近の聴力に典型的な落ち込みが見られる．

項　目	内　　容
作業者への影響	③　進行し加齢による高周波域聴力低下が加わると 4,000Hz 付近の聴力以外にも聴力喪失が見られる． ④　長年の騒音暴露による高齢者の発症が多く，加齢による聴力喪失も高周波域から始まるので区別しにくいこともある． 聴力喪失以外にも，騒音暴露作業では不快感やいらだちなどの心理的影響，睡眠障害，作業能率低下，自律神経の変調などの影響がある．
発症作業	鋲打ち機，はつり機，鋳物の型込機など圧縮空気により駆動される機械または器具を取り扱う業務を行う屋内作業場など
予防対策	①　発生源対策 　　低騒音機械へ変更する． ②　伝播経路対策 ・機械の配置を適当に変更する． ・周壁，天井などを音響吸収性の材料をもって被覆する． ・機械と床との間に緩衝材を挿入する． ③　受音者対策 　　耳栓やイヤーマフを使用する． ④　騒音許容基準の遵守

(4)　振　動

項　目		内　　容
作業者への影響	初発症状	しびれ，筋肉痛，レイノー現象
	末梢循環障害	手指の冷え，しびれ，寒冷への過敏性，レイノー現象
	末梢神経障害	手指前腕のしびれ，疼痛，知覚鈍麻
	骨関節筋肉系障害	手指前腕肘関節部の疼痛
	その他の障害	自律神経失調症，睡眠障害，疲労感

項　目	内　　容		
発症作業 （原因振動工具）	製造業	携帯用研削盤，卓上用研削盤，インパクトレンチ，サンダー，リベッティングハンマー	
	鉱業	さく岩機，チッピングハンマー	
	採石業	さく岩機，チッピングハンマー	
	林業	チェンソー，刈払機	
	建設業	さく岩機，ピックハンマー，コンクリートバイブレーター，チッピングハンマー，サンダーなど	
予防対策	① 振動作業の作業時間 1) 振動作業とそれ以外の業務の組み合わせにより振動業務に従事しない日を設けるように努める． 2) 使用する振動工具の「周波数補正振動加速度実効数の3軸合成値」を把握し，日振動ばく露量がばく露限界値($5.0 m/s^2$)を超えることがないよう振動ばく露時間を抑制し，低振動工具を選出する． 3) ばく露限界値を超えない場合でも，対策値($2.5 m/s^2$)を超える場合は振動ばく露時間を抑制し，低振動工具の選定を行うよう努める． 4) 日振動ばく露限界値($5.0 m/s^2$)に対応した1日の振動ばく露時間が2時間を超える場合は，一定の場合を除き当面，1日のばく露時間を2時間以下とする． 5) ピストンによる打撃機構を有する工具の取扱い業務のうち，金属または岩石のはつり，かしめ，切断，鋲打ち及び削孔の業務については，一連続の振動暴露時間の最大をおおむね10分以内とし，一連続作業の後5分以上の休止時間を設ける． 6) 5)以外の振動暴露では，一連続の振動暴露時間の最大はおおむね30分以内とし，一連続作業の後5分以上の休止時間を設ける． ② 工具の操作時の措置 1) 振動部など，ハンドル以外の部分は持たない． 2) 強く握る，手首に力を入れる，腕を強く曲げ工具の重量を支えるなど，筋肉の緊張を持続するような作業方法は避ける． ③ 点検・整備 1) 「振動工具管理責任者」を選任し，点検・整備状況を確認し，記録する．		

項　目	内　　　容
予防対策	④　保護具 　　軟質の厚い防振手袋などを支給し，作業者にこれを使用させる． ⑤　体操 　　作業開始時及び作業終了後に手，腕，肩，腰などの運動を主体とした体操を行う．

手，腕，肩等の運動を主体としたストレッチ体操！

(5) 粉じん(じん肺)

項　目	内　　　容		
作業者への影響	粉じんを吸入することにより，肺に生じた繊維増殖性変化を主体とする疾病であるじん肺を発症する．		
発症作業	原因物質	じん肺名	発症職場
	二酸化ケイ素(石英，SiO_2)	けい肺	採石，採鉱，トンネル掘削，窯業，鋳物製造，金属精錬，セメント製造
	滑石(タルク)	滑石肺	滑石粉砕，ゴム製造
	ケイ藻土	ケイ藻土肺	ケイ藻土採掘，粉砕
	アルミニウム	アルミニウム肺	アルミニウム粉末製造
	アルミナ	アルミナ肺	アルミニウム再生
	酸化鉄とケイ酸	溶接工肺	電気溶接，ガス溶接，研磨
	硫化鉄とケイ酸	硫化鉱肺	硫酸工場，硫化鉱採掘
	黒煙	黒煙肺	黒鉛精錬，電極製造
	カーボンブラック	炭素肺	カーボンブラック製造
	セメント	セメント肺	セメント製造
	穀物の粉じん	穀粉肺	穀粉の加工，運搬

項　目	内　　　容
予防対策	①　作業環境 1)　粉じん濃度(労働者が1日の労働時間中に暴露する粉じんの時間荷重平均濃度)測定及び，その評価値による対策 2)　発生源対策 ・粉じん発生工程の廃止 ・生産方法，工程変更による粉じん抑制 ・粉じん源の密閉，隔離 ・機器の湿式化 3)　発散粉じんの抑制 ・集じん装置，局所排気装置，全体換気による気中粉じんの抑制 ・清掃，散水による堆積粉じんの低減 4)　休憩室，更衣室，手洗い，うがい設備などの整備 ②　作業条件 1)　作業時間の適正化，短縮 2)　作業強度の軽減 3)　作業姿勢の配慮 ③　作業者 1)　防じんマスクの着用及び保守管理 2)　じん肺健康診断の受診と事後措置 3)　労働衛生教育の受講

(6) 有機溶剤

項　目	内　　　容
有機溶剤の性質	① 常温，常圧では液体で，水に溶けない油脂，合成樹脂，ゴムなどを溶かす． ② 脂溶性がある． ③ 引火性と爆発性：不燃性が強い有機溶剤もある． ④ 揮発性が高く環境中へ拡散しやすい． ⑤ 空気より重く，低いところに滞留しやすい． ⑥ 有機溶剤中毒予防規則では，54種の有機溶剤を掲げ，有機溶剤及び有機溶剤を5％含有する混合物を有機溶剤などとして規制対象としている．
作業者への影響	① 暴露による吸収 　主として肺から吸収されるが，皮膚からも容易に吸収される． ② 中毒 1) 共通毒性（有機溶剤に共通の毒性） ・皮膚・粘膜刺激性：急性刺激性皮膚炎，湿疹 ・麻酔作用：中枢神経機能の抑制症状 ・中枢神経症状：性格変化，知覚機能障害 2) 特異毒性（個々の有機溶剤に特徴的な毒性） ・精神障害／視神経障害／末梢神経障害／心臓障害／肝臓障害／腎臓障害／血液障害／血管障害／発がん
予防対策	① 作業環境管理 1) 有機溶剤の種類，使用方法などの状況把握 2) 気中有機溶剤濃度の測定と評価 3) 発生源対策 ・有機溶剤使用の廃止 ・有害性の低い低濃度溶剤への代替 ・生産技術，工程の変更による溶剤発散抑制 ・発生源の隔離，密閉，自動化 4) 発散溶剤の抑制 ・局所排気装置の設置 ・全体換気装置の設置

項　目	内　　　容
予防対策	② 作業管理 1) 作業時間の適正化 2) 作業強度の軽減 3) 作業姿勢への配慮 4) 呼吸用保護具(防毒マスク)の使用，保守管理 ③ 健康管理 1) 尿中代謝物測定による暴露評価 2) 健康診断受診と事後措置 3) 労働衛生教育

(7) 化学物質

項　目	内　　　容	
作業者への影響	物質名	作業者が発症する疾病
	塩素化ビフェニル (PCB)	がん，肝障害
	ベリリウム	皮膚・肺疾患
	アクリロニトリル	肝障害，中毒
	アクリルアミド	がん，神経炎
	塩化ビニル	肝血管肉腫
	カドミウム	肺障害，腎障害
	シアン化水素	急性中毒
	臭化メチル	急性中毒，歩行障害
	ニトログリコール	狭心症，血圧下降
	フッ化水素	肺水腫，骨硬化症

7.1 有害作業環境とその管理

項　目	内　　　容	
発症作業	発症作業（業種）	取扱い物質名
	化学，電線，蓄電器	塩素化ビフェニル（PCB）
	陶磁器製造，化学工業	ベリリウム
	合成繊維	アクリロニトリル
	合成繊維，ゴム製造	アクリルアミド
	塩化ビニル重合作業	塩化ビニル
	合金製造，亜鉛精錬作業	カドミウム
	有機合成，くん蒸作業	シアン化水素
	有機合成，くん蒸作業	臭化メチル
	ダイナマイト製造	ニトログリコール
	アルミ精錬，フッ化物製造	フッ化水素
予防対策	① 作業環境管理 　有害物質への暴露の根元を絶つのに有効な順に手法を示すと次の通りとなる． ・有害物質の製造、使用の中止、有害性の少ない物質への転換 ・有害な生産工程、作業方法の改良による有害物質発散の防止 ・有害物質を取り扱う設備の密閉化や自動化 ・有害な生産工程の隔離と遠隔操作の採用 ・局所排気装置またはプッシュプル型換気装置の設置 ・全体換気装置の設置 ・作業行動の改善による二次粉じん等の防止 ② 作業管理 1）防じんマスク，防毒マスク，保護衣，保護手袋等の労働衛生保護具の使用 2）有害物質への暴露を抑える作業標準の設定 3）労働時間，休憩の管理による有害物質暴露時間の低減 ③ 健康管理 1）健康診断の実施 ・特殊健康診断，一般健康診断 2）健康診断実施後の措置 ・医療上の措置，就業制限，就業禁止，適正配置	

項　目	内　　容
予防対策	3）疾病管理 ・適正医療，職場復帰 4）緊急対策 ・平常時からの準備，事故発生時の救急処置・訓練

(8) 酸素欠乏

項　目	内　　容
作業者への影響	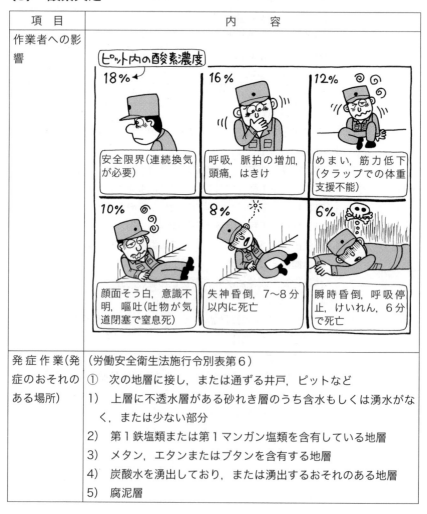
発症作業（発症のおそれのある場所）	（労働安全衛生法施行令別表第６） ① 次の地層に接し，または通ずる井戸，ピットなど 　1）上層に不透水層がある砂れき層のうち含水もしくは湧水がなく，または少ない部分 　2）第１鉄塩類または第１マンガン塩類を含有している地層 　3）メタン，エタンまたはブタンを含有する地層 　4）炭酸水を湧出しており，または湧出するおそれのある地層 　5）腐泥層

項　目	内　　容
予防対策	① 換気 　1) 酸素欠乏が発生する恐れのある閉鎖された空間に立ち入るまえに実施する． 　2) 酸素濃度が18％以上になるように換気する． ② 酸素濃度測定 　1) 酸素欠乏危険作業主任者技能講習修了者が測定する． 　2) 酸素濃度が18％以上であることを確認してから作業場に入る．

(9) 硫化水素

項　目	内　　容
発症作業 (発症のおそれのある場所)	（労働安全衛生法施行令別表第6） 別表第6の3の3．海水が滞留しており，もしくは滞留したことのある熱交換器，管，暗きょ，マンホール，溝もしくはピットまたは海水を相当期間入れてあり，もしくは入れたことのある熱交換器などの内部
予防対策	① 局所排気，換気 ② 気中濃度測定 ③ 防毒マスク，送気マスクの使用 ④ 保護眼鏡の使用 ⑤ 健康診断の実施と事後措置

(10) 紫外線

項　目	内　　容
作業者への影響	① 部位別の影響 1) 眼 　角膜炎・結膜炎(雪眼炎・溶接による電気性眼炎),水晶体の混濁による白内障 2) 皮膚 　色素沈着,脱毛,皮膚炎,潰瘍,皮膚がん
発症作業	屋外作業(農業,林業,漁業,建設業,除雪作業),溶接作業,溶断作業,紫外線殺菌作業
予防対策	遮光板,遮光用保護眼鏡,遮光用保護手袋,遮光用保護衣,日焼け止めクリーム使用,作業時間・休憩時間の適正化,健康診断と結果による事後措置

(11) 赤外線

項　目	内　　容
作業者への影響	① 眼 ・近赤外線：水晶体の白濁による白内障,角膜炎,結膜炎 ・遠赤外線：網膜火傷,虹彩萎縮,黄斑変性 ② 皮膚 ・近赤外線：皮膚の肥厚,充血,乾燥(強い透過力による傷害) ・遠赤外線：熱火傷 ③ 熱中症
発症作業	炉前作業,鋳物製造,ガラス工業,鍛冶,溶接作業,溶断作業,圧延処理作業,赤外線灯下の作業,屋内作業(夏季の屋外作業や洋上作業)
予防対策	赤外線発生源の遮断・遠隔操作,遮熱保護眼鏡,遮熱保護衣,遮熱保護手袋,作業時間・休憩時間の適正化,冷房室の設置,健康診断と結果による事後措置

(12) レーザー光線

項　目	内　　　容
作業者への影響	①　眼 ・紫外域：角膜炎，結膜炎，白内障 ・可視域：網膜火傷 ・赤外域：角膜火傷，白内障，網膜火傷，眼底出血 ②　皮膚 ・紫外域：紅斑，皮膚の老化促進，光線過敏症 ・可視域：光線過敏症，火傷 ・赤外域：火傷
発症作業	光化学応用化学工業，溶接作業，溶断作業，計測，通信，医療，医療用機器取扱い（レーザーメスなど），自動車工業，工具・工作機械製造，電気製品製造，電子工業，精密機械製造
予防対策	・レーザー管理区域の設定・管理，関係者以外立入禁止 ・レーザー機器の管理 　　レーザー光路遮へい，緊急停止，警報装置，インターロック ・作業管理 　　遠隔操作，保護眼鏡，保護衣 ・健康管理 　　前眼部検査，眼底検査

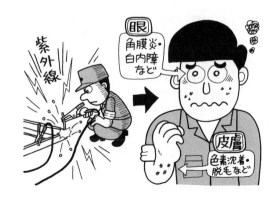

(13) 電離放射線

項　目	内　　　容	
作業者への影響	① 急性放射線障害 ・急性放射線症，急性放射線皮膚障害，その他の急性局所放射線障害 ② 慢性被爆による放射線障害 ・慢性放射線皮膚障害，放射線造血器障害 ③ 退行性疾患など ・白内障，再生不良性貧血，骨えそ，骨そしょう症，線維症 ④ 悪性新生物 1) 白血病 2) 外部被爆による疾病 ・皮膚がん，甲状腺がん，骨の悪性新生物 3) 内部被爆による疾病 ・肺がん，骨の悪性新生物，肝臓・胆道系の悪性新生物，甲状腺がん	
発症作業	トレーサ	分析化学，遺伝子工学
	透過，吸収作用	厚さ計，レベル計，密度計，非破壊検査，X線撮影，X線透視検査
	電離・励起作用	煙感知器，グロー放電管，静電防止器，ガスクロマトグラフィー，蛍光X線分析
	生物学的作用	品種改良，発芽防止，殺菌・滅菌，病害虫駆除，がん治療
	エネルギー	原子力発電，アイソトープ電池
予防対策	① 線源管理 ・封じ込め，遮蔽 ② 環境管理 ・空気吸収線量率，空気中，排水中，排気中の放射性物質の濃度が一定以下となるよう環境を管理 ③ 個人管理 ・被爆線量管理，健康診断	

(14) 腰 痛

項　目	内　容
発症作業	① 重量物取扱い作業 ② 腰部に過度の負担のかかる立ち作業 ③ 腰部に過度の負担のかかる腰掛け作業・座作業 ④ 長時間の車両運転などの作業
予防対策	（職場における腰痛予防指針：平成6年9月6日基発第547号） ① 作業管理 1) 中腰，ひねり，前屈，後屈，捻転などの不自然な姿勢をとらない 2) 座位，椅座位等で同一姿勢を長時間とらない 3) 腰部に負担のかかる動作の際は姿勢を整え急激な動作を避ける 4) 持ち上げる，引く，押すなどの動作は膝を軽く曲げ，呼吸を整え，下腹部に力を入れる 5) 頚部，腰部の不意なひねりを避け，視線も動作に合わせて移動させる ② 作業環境管理 1) 作業場内温度を適切に保ち，低温環境下作業の保温衣服着用と暖房設備設置 2) 転倒，つまずきなどにより腰部に過大な負担がかかることを避けるための適切な照明及び作業床 3) 作業姿勢，動作を避けるための作業空間の確保 4) 適切な作業位置，作業姿勢などを確保できるよう設備の配置などに配慮する ③ 健康管理 1) 重量物取扱い作業，介護作業など腰部に著しい負担のかかる作業に常時従事する労働者に対し，当該作業に配置する際（再配置を含む）及びその後6月以内ごとに1回，定期に医師による腰痛の健康診断を行う

7.2 健康診断の実施

(1) 健康診断の目的

職場における健康診断は，作業者の総合的な健康状況を把握するとともに，職場における健康を害するさまざまな因子(温熱，騒音，振動などの物理的因子と化学物質，粉じんなどの化学的因子)による健康影響を早期に発見することにより，就業の可否，程度などを判断するために実施するものです．

また，作業者の健康状況の変化などを総合的に把握して，作業者が常に健康で働けるよう保健指導を行い，作業環境管理，作業管理に反映していくことが必要です．

職場における健康診断の実施に当たっての注意事項は，次の通りです．

- 健康診断とその結果による判定は医師が行う．
- 健康診断後の事後措置が重要．

法令で定められた職場における健康診断には，次の種類があります．

① 一般健康診断
  a) 雇入時健康診断
  b) 定期健康診断
  c) 特定業務従事者の健康診断
  d) 海外派遣労働者の健康診断
  e) 給食従事者の検便
② 特殊健康診断
  a) じん肺健康診断
  b) 有害業務従事者に対する特殊健康診断
  c) 行政指導(通達)による特殊健康診断
③ 臨時の健康診断

④　自発的健康診断

(2)　一般健康診断

生活習慣病である高血圧，虚血性心疾患，肝疾患，糖尿病などの疾患のある作業者に対しては，疾病の早期発見と予防のための適切な管理が重要です．また，これらの生活習慣病を有する作業者については，健康状態を正確に把握したうえで，保健指導，作業管理あるいは作業環境管理へのフィードバックを行う必要があります．

1)　雇入時健康診断

雇入時健康診断とは，作業者の雇入れ時に，法令に従って必ず行う健康診断のことで，作業者の適正配置のためと入職後の健康管理の基礎資料に資するためのものです．

2)　定期健康診断

定期健康診断は1年に1回実施しますが，労働衛生上有害な業務(安衛則第13条)に従事する作業者に対しては，6カ月に1回定期健康診断を実施することになっています．

健康診断項目については，雇入れ時健康診断項目に喀痰検査が加えられ，年齢による健診項目の省略が認められています．

3) 特定業務従事者の健康診断

次ページの表の対象業務に従事する特定業務従事者の健康診断は，労働衛生上有害な業務に配置替えの際及び6カ月以内ごとに1回行う健康診断であり，健診項目と取り扱い方は，定期健康診断における場合と同様です．

4) 海外派遣労働者の健康診断

作業者を6カ月以上海外に派遣する場合，その派遣前及び帰国後，一般健康診断の項目に加えて，医師が必要と認める場合は，次の項目の健康診断を行わなければなりません．

① 腹部画像検査(胃部エックス線検査および腹部超音波検査)．
② 血中尿酸量検査．
③ B型肝炎ウイルス抗体検査．
④ 血液型検査(ABO式及びRh式)［海外派遣前］．
⑤ 糞便塗沫検査［帰国後］．

5) 給食従事者の検便

給食従事者の検便は，労働者に集団給食を行っている場合，消化器伝染病及び食中毒を予防する目的で，事業場に付属する食堂または炊事場において，雇入れ時または配置替えの時に検便を行うものです．

(3) 特殊健康診断

特殊健康診断とは，労働衛生上健康に有害な業務に従事する作業者を業務上疾病から予防するために行う健康診断のことで，次ページの表の

9つの種類があります．

特殊健康診断の種類	対象業務など	健診の時期及び項目の条文
じん肺健康診断	粉じん作業従事者など（じん肺則別表）	じん肺法第3条，第8～9条の2
高気圧業務健康診断	高圧室内業務または潜水業務	高圧則第38条
電離放射線健康診断	電離放射線にさらされる業務	電離則第56条
鉛健康診断	鉛などを取り扱う業務	鉛則第53条
四アルキル鉛健康診断	四アルキル鉛を製造，混入，取り扱う業務	四アルキル鉛則第22条
有機溶剤など健康診断	屋内作業場（第3種有機溶剤はタンクなどの内部に限る）における有機溶剤を取り扱う業務	有機則第29条
特定化学物質など健康診断	①第1類物質または第2類物質を製造，取り扱う業務（エチレンオキシド，オーラミン，マゼンタは除かれる業	特化則第39条 同則別表第3，第4

特殊健康診断の種類	対象業務など	健診の時期及び項目の条文
特定化学物質など健康診断	務あり） ②安衛令第22条第2項に掲げる物を過去に製造，取扱っていたことのある労働者で現に使用しているもの	特化則第39条 同則別表第3，第4
石綿健康診断	①特定石綿などを製造，取り扱う業務 ②石綿などを過去に製造，取扱っていたことのある労働者で現に使用しているもの	石綿則第40条
歯科医師の健康診断	安衛令22条3項に掲げる業務	安衛則第48条

(4) 健康診断実施後の措置

産業構造の変化や高齢化社会の進展により，何らかの異常所見が認められる作業者が増加し，業務上の過重な精神的・肉体的負担が原因となって，脳・心臓疾患を発症し，突然死に至る「過労死」なども増加する傾向にあります．このような状況の中で，作業者の健康を確保するため

には，事業者が作業者の健康状態を的確に把握し，その結果にもとづき，医学的知見を踏まえて，作業者の健康管理を適切に講じなければなりません．健康診断は，実施するだけではなく，実施後の措置を行って，初めてその価値が生じるのです．

監督者は，部下の作業者の健康状態を十分把握して，適正配置と適正就労を心がけなければなりません．

1) 健康診断の実施

作業者に対し医師などによる健康診断を実施し，診断区分(異常なし，要観察，要医療などの区分)に関する医師などの判定を受けます．また，事業者は受診率が向上するように，作業者に対する周知及び指導に努めなければなりません．

2) 二次健康診断の受診勧奨

医師の診断の結果にもとづき，二次健康診断の対象となる作業者を把握し，作業者に対して二次健康診断の受診を勧奨します．

3) 健康診断の結果についての医師などからの意見の聴取

健康診断の結果，異常の所見があると診断された作業者については，医師の意見を聴く必要があります．
- a) 意見を聴く医師は，作業者個人ごとの健康状態，作業内容，作業環境について詳細に把握しうる立場にある産業医が適当です．
- b) 必要に応じて医師に相談し，作業者に係わる作業環境，労働時間，労働密度，深夜業に関する事項などの情報及び職場巡視の機会を提供し，場合により作業者との面会の機会などを提供します．
- c) 作業者の就業区分及びその内容に関する意見，作業環境管理及び作業管理についての意見を，医師などから聴く必要があります．

4) 就業上の措置などの決定

　医師などの意見にもとづいて，就業区分に応じた就業上の措置を決定する場合には，作業者の意見を聴き，了解が得られるように努めるとともに，衛生委員会を開催して調査審議することが適当です．また，就業上の措置を実施し，または措置を変更もしくは解除する際は，医師などとの連携だけでなく，管理者及び監督者に対し，就業上の措置の目的，内容などについて，理解が得られるよう必要な説明を行うことが適当です．

5) その他の留意事項

　一般健康診断の結果は，異常所見の有無にかかわらず，作業者に対して遅滞なく通知しなければなりません．

　なお，個々の作業者の健康に関する情報は，個人のプライバシーに属するものであることから，その保護に特に留意する必要があります．特に就業上の措置の実施に当たって関係者へ提供する情報の範囲は，必要最小限とする必要があります．

7.3 メンタルヘルス

　厚生労働省が行った調査では，仕事や職業生活に強い不安，悩み，ストレスを感じている作業者の割合は6割を超え，メンタルヘルス不調を原因とする長期欠勤者も増加しています．また，業務による心理的負荷を原因として精神疾患を発症し，あるいは精神疾患により自殺に至る作業者も増加するなど，メンタルヘルス対策に関する一層の取り組みが重要となってきています．

　このような状況の中，厚生労働省は平成18年3月31日に「労働者の心の健康の保持増進のための指針」を示しました．また，心の健康問

題により休職し，復帰に問題がないまでに回復した労働者が職場復帰する際に行う支援内容を示した「心の健康問題により休業した労働者の職場復帰支援の手引き」も公表しています．

「労働者の心の健康の保持増進のための指針」によると，メンタルヘルスケアは，「セルフケア」，「ラインによるケア」，「事業場内産業保健スタッフ等によるケア」，「事業場外資源によるケア」の4つのケアにより進めるとされています．その中でも中核となるのが，労働者自らがストレスへの気づきと対処を行う「セルフケア」，及び監督者が職場環境などの改善と相談への対応を行う「ラインによるケア」です．

監督者は，職場の環境としてのストレスを把握して見直すとともに，監督する部下の行動などを観察し，対処する必要があります．また，監督者は，ストレスに対処する知識，技法を身につけ，「セルフケア」が実施できるようにしておかなければなりません．

メンタルヘルス不調とは

　ストレスとは,「外からの刺激による生体側のひずみと,その刺激に対抗してひずみを元に戻そうとする生体側の反応」のことをいいます.ストレスを生じさせる外界からの刺激を「ストレス要因」と呼びますが,通常その分類は次のようになります.

① 物理的要因:光,音,温度(寒冷,暑熱),放射線など.
② 化学的要因:有機溶剤,金属類,薬物,たばこ,アルコールなど.
③ 生物学的要因:細菌,ウイルス,かび,ダニ,花粉など.
④ 社会的要因:職場の問題,失業,家庭問題,都市生活など.

　この中で,不安,怒り,抑うつといった心の変化を起こすものを「心理的ストレス要因」といいます.社会的要因は,他のものに比べて心理的ストレス要因になりやすいといわれます.

　労働者の最大の心理的ストレス要因は,社会的要因の1つである職場の人間関係といわれていますが,仕事への適応不完全(能力不足,パフォーマンス低下)も大きいことがわかっています.

　メンタルヘルス不調とは,疾病に限らず,ストレスや強い悩み,不安など,作業者の心身の健康,社会生活及び生活の質に影響を与える可能性のある精神的及び行動上の問題を幅広く含むものです.具体的には,パフォーマンス低下,モチベーション低下,ミスやエラーの増加,慢性的な疲労,アルコールへの依存などです.疾病には,統合失調症,躁うつ病,うつ病があります.

(1) メンタルヘルスケアの基本

メンタルヘルスケアを効果的に進めるためには，まず心の健康作り計画を策定し，その計画に従い4つのケアを継続的に行う必要があります．

```
         ┌──────────────────┐
         │  心の健康作り計画  │
         └──────────────────┘

┌──────────────────────────┐
│  心の健康作り計画の策定   │
└──────────────────────────┘
            ↓
┌─────────────────────────────────────────────────────┐
│  4つのケア                                           │
│                                                      │
│  ┌──────────────┐      作業者（管理監督者も含む）による │
│  │   セルフケア  │ ……  ・ストレスへの気づき            │
│  └──────────────┘      ・ストレスへの対処             │
│                        ・自発的な相談                 │
│                                                      │
│  ┌──────────────┐      監督者による                   │
│  │ ラインによるケア│ ……  ・職場環境などの把握と改善     │
│  └──────────────┘      ・部下からの相談への対応       │
│                                                      │
│  ┌──────────────┐      産業医，衛生管理者などによる    │
│  │ 事業場内産業保健│      ・作業者及び管理監督者に対する支援│
│  │スタッフなどによるケア│…・メンタルヘルスケアの実施に関する│
│  └──────────────┘        企画立案                    │
│                        ・作業者の個人情報（健康情報含む）の│
│                          取扱い                       │
│                        ・ネットワークの形成（窓口）   │
│                                                      │
│  ┌──────────────┐      事業場外の機関，専門家による   │
│  │事業場外資源によるケア│…・サービスの活用            │
│  └──────────────┘      ・作業者の相談においての活用   │
│                        ・ネットワークの形成          │
└─────────────────────────────────────────────────────┘
```

(2) 監督者が行うケア（ラインによるケア）

作業者と日常的に接することが多い監督者が行う「ラインによるケア」は，企業が行うメンタルヘルスケアの中で最も重要なものです．監督者が行う主なケアには，次の4つがあります．

1) 職場環境の問題点の把握と改善

メンタルヘルス不調をもたらすストレス要因となる職場環境には，作業環境，作業方法，労働時間，仕事の量と質，職場の人間関係などがあります．監督者は，まずこれらの職場環境のストレス要因を把握する必要があります．ストレス要因を把握する方法として，次の3つがあります．

① 日常の職場管理の中で部下の仕事の状況を把握し，問題点を明らかにする．
② 部下から本人が感じているストレスを直接聴き取る．
③ 産業医，衛生管理者などの事業場内産業保健スタッフによる職場環境の評価結果を参考にする．

監督者は，このようにして把握した具体的な問題点について，自らの権限の範囲内で，職場環境，職場組織，勤務形態などを見直し，自身の人間関係の調整能力の向上も図る必要があります．

権限の範囲を超える場合には，上司，事業場内産業保健スタッフ，人事労務管理者など，必要な権限を有する人や組織の担当部門に対して報告や提案を行います．さらに，職場環境の改善に際しては，作業者の意見を踏まえつつ，作業者の個人情報の保護に配慮しなければなりません．

2) 「いつもと違う」部下の把握と対応

ラインによるケアで大切なのは，監督者が「いつもと違う」部下に早

く気づくことです.

3) 部下からの相談への対応

監督者は,部下からの自発的な相談に対応しなければなりません.そ

「いつもと違う」部下の様子

- 遅刻,早退,欠勤が増える.
- 休みの連絡がない(無断欠勤がある).
- 残業,休日出勤が不釣合いに増える.
- 仕事の能率が悪くなる.思考力・判断力が低下する.
- 業務の結果がなかなか出てこない.
- 報告や相談,職場での会話がなくなる(あるいはその逆).
- 表情に活気がなく,動作にも元気がない(あるいはその逆).
- 不自然な言動が目立つ.
- ミスや事故が目立つ.
- 服装が乱れたり,衣服が不潔であったりする.

のためには，部下が相談しやすい環境を整える必要があります．また，過労状態や強度の心理的負荷があるなど，特に配慮が必要と思われる部下に対しては積極的に話を聴き，適切な情報を提供し，必要に応じて事業場内の産業保健スタッフや社外の専門家への相談を促すなどの対応が必要です．

4）メンタルヘルス不調の部下の職場復帰への支援

メンタルヘルス不調による休業後に職場復帰した作業者への支援で留意すべき事項は，次の通りです．

① 特別な理由がない限り，元の職場に復帰させる．
② 他の部下と同様に処遇し，特別扱いはしない．
③ 元の仕事に比べ単純な内容で労働時間に見合った量とする．
④ 復職者の回復状況を把握する．
⑤ 監督者だけで背負い込まず，産業医などとも連携する．

(3) ストレスチェック制度

ストレスチェック制度は，労働安全衛生法が改正され，2015年(平成27年)12月から，50人以上の企業で毎年1回実施することが義務づけられました．この制度は，労働者のストレスの状況を調べて，本人にその結果を知らせて，自分のストレスがどのような状況にあるかを気づかせ，個人のメンタルヘルス不調のリスクを低減させるとともに，検査結果を集団的に分析し，職場環境の改善につなげるものです．

労働者が自分のストレスの状態を知ることにより，ストレスをためすぎないように対処したり，ストレスが高い状態の場合は医師の面接を受けて助言を得たり，会社側に仕事の軽減などの措置を実施してもらったりして，職場の改善につなげたりすることなどによって，メンタルヘルス不調を未然に防止する仕組みです．

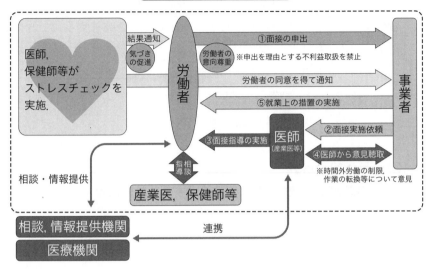

(出典) 厚生労働省の資料を元に作成.

7.4 快適職場作り

快適性の高い職場は，職場のモラール向上，労働災害の防止，健康障害の防止が期待できるだけでなく，事業活動の活性化にも良い影響をもたらします．しかし，快適と感じるか否かについては個人差があるため，多くの人にとっての快適さを目指すと同時に，個人差にも配慮することが重要です．

快適職場を作るためには，まず法定の安全衛生水準を超える目標を定め，目標に向かって具体的な措置を着実に進めていくことが必要です．

(1) 快適な職場環境の形成についての目標

① 作業環境の管理：空気環境，温熱条件などの作業環境が，作業者

に適した状態に維持管理されるようにする．
② 作業方法の改善：不自然な姿勢での作業や大きな筋力を必要とする作業などは，負担が軽減されるよう作業方法を改善する．
③ 疲労の回復を図るための施設・設備の設置・整備：休憩室などの心身の疲労の回復を図るための施設の設置・整備を図る．
④ その他の施設・設備の維持管理：洗面所，トイレなどの施設・設備は，清潔で使いやすい状態に維持管理する．

(2) 具体的な措置
1) 作業環境を快適な状態に維持管理するための措置
① 空気環境：屋内作業場は，浮遊粉じんや臭気などについて，不快と感じることのないよう維持管理する．浮遊粉じんや臭気などが発生する屋内作業場は，これらの発散を抑制する．
② 温熱条件：屋内作業場においては，温度，湿度などの温熱条件を適切な状態に保つ．屋外作業場については，外気温などの影響を緩和するための措置を講じることが望ましい．
③ 視環境：作業に適した照度を確保し，過度な輝度対比や不快なグ

レア(まぶしさ)が生じないようにする．屋内作業場については，採光，色彩環境，光源の性質などにも配慮することが望ましい．

④　音環境：事務所は外部からの騒音を有効に遮蔽し，ＯＡ機器は低騒音化を図る．事務所以外の屋内作業場は，騒音源となる機械設備の騒音の抑制を図る．

⑤　作業空間など：作業空間や通路などを確保する．

2)　作業方法を改善するための措置

①　身体に大きな負担のかかる不自然な姿勢での作業は，機械設備の改善などにより作業方法の改善を図る．

②　物のもち運び作業や相当の筋力を要する作業は，助力装置の導入などにより負担の軽減を図る．

③　高温，多湿や騒音などの場所における作業は，防熱や遮音壁の設置，操作の遠隔化などにより負担の軽減を図る．

④　緊張の持続が必要な作業や一定の姿勢が持続する作業などは，緊張を緩和する機器の導入などにより負担の軽減を図る．

⑤　機械設備，事務機器などは，識別しやすい文字により表示を行

い，作業しやすいよう配慮する．

3) 疲労の回復を図るための施設・設備の設置・整備
① 臥床できる休憩室などを確保する．
② 多量の発汗や身体の汚れをともなう作業は，シャワー室などの洗身施設を整備し，これを清潔に使いやすくしておく．
③ 疲労やストレスなどに関する相談室などを確保する．運動施設や緑地を設けるなどの環境整備を行うことが望ましい．
④ その他の快適な職場環境を形成するための必要な措置を行う．
　・洗面所，更衣室などを常時清潔で使いやすく管理しておく．
　・食堂などのスペースを確保し，清潔に管理しておく．
　・給湯設備や談話室などを確保することが望ましい．

4) 快適な職場環境形成のための措置に関して考慮すべき事項
① 継続的かつ計画的な取組みで推進体制の整備を図る．職場環境を常時見直し，これに応じて必要な措置を講じる．
② 安全衛生員会を活用するなど，労働者の意見を反映する．
③ 職場の環境条件や作業から受ける心身の負担についての感じ方について，個人差を考慮して必要な措置を講じる．
④ 職場に潤いをもたせ，リラックスさせるよう配慮する．

第8章
作業環境の改善

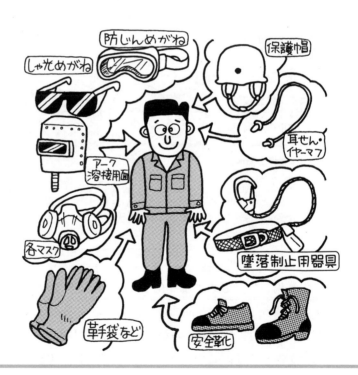

8.1　情報の収集

　職場では，作業環境の良否によって労働衛生上さまざまな影響が生じてきます．環境の改善とは，環境条件を検討して，作業者に及ぼす有害な要因を取り除き，あるいは抑制して，快適な作業環境にすることです．

　職場の実態を調査し，問題点を把握するために次のような情報を収集します．

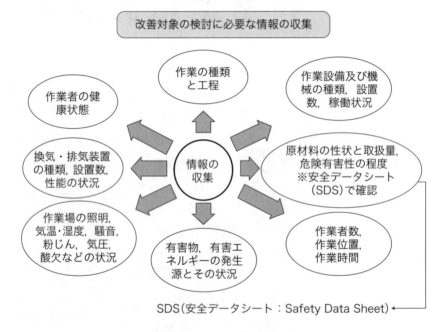

SDS（安全データシート：Safety Data Sheet）

　作業場には，さまざまな化学物質などを含んだ製品がもち込まれます．作業者は，この製品にはどのような化学物質が含まれているのか，どのような有害性があるのかを十分に理解しないで作業に当たっている場合があります．この「安全データシート」はSDSと呼ばれ，使用している製品に含まれている化学物質について「成分及び含有量」，「危険

性または有害性の有無」,「貯蔵または取扱い上の注意」などの情報について通知することが法律で定められています．

SDS で通知しなければならない項目

1．製品の名称
2．成分及びその含有量
3．物理的及び化学的性質
4．人体に及ぼす作用
5．貯蔵または取扱い上の注意
6．流出その他の事故が発生した場合において講ずべき応急の措置
7．通知を行う者の氏名，住所，電話番号
8．危険性または有害性の要約
9．安定性及び反応性
10．適用となる法令
11．その他参考となる事項

収集した情報をもとに，作業環境の改善を進める手順は次の通りです．

作業環境改善の手順

改善対象の特定
・収集した情報を検討して決める.
作業の種類・工程,作業設備及び機械の種類,原材料の性状と取扱量,危険有害性の程度など

対策の検討
①有害物質に対する対策
無害な原材料に代替,有害物の発散・飛散の抑制など
②有害エネルギーに対する対策
作業方法・材料などの変更,発生源の遮断など

実施計画立案,推進
・問題点の多いものから重点的に進める.
・確実に実現するために,実施項目ごとに実施者と実施期日を決めておく.

改善効果の確認
・改善の措置は,比較的専門知識を必要とするものが多いが,監督者も積極的に意見を述べるなど,実現のために協力する.

8.2 安全衛生保護具

(1) 保護具はなぜ必要か

機械設備のまわり,高所での作業,重量物の運搬作業など,職場には普段の生活環境にはない危険が数多く存在しています.機械設備の安全化や環境の整備を進めることは重要ですが,それでも防ぎきれない危険もあります.

そんなとき,安全を確保する最後の防衛手段として,安全保護具が必要になります.また,化学物質・有害光線・騒音など,健康を損なうものから身を守るために使用するのが労働衛生保護具です.

(2) 保護具の種類

作業の種類や体の部位に応じて，さまざまな保護具があります．また，保護具には，衛生を主にする保護具と，安全を主とする保護具があります．

作業と保護具

作　業	保護具
高所作業	保護帽，墜落制止用器具など
運搬作業	保護帽，安全靴，作業用手袋など
溶接・溶断作業	保護めがね，保護面，保護手袋など
研磨作業	防じんマスク，耳栓，保護めがねなど
化学物質を取扱う作業	防じんマスク，防毒マスク，化学防護手袋，化学防護服，送気マスク，保護めがねなど

対象部位と保護具

対象部位	保護具
頭	保護帽
目	保護めがね，遮光保護具，保護面
耳	耳栓，イヤーマフ
鼻・口	防じんマスク，防毒マスク，空気呼吸器など
手	一般作業用手袋，溶接用革手袋，化学防護手袋，防振手袋など
身体	一般作業服，化学防護服，耐熱衣，電気絶縁衣，静電服など
足	革製安全靴，静電靴，帯電靴，化学防護長靴，脛あてなど
その他	墜落制止用器具，放射線防護用保護具，救命具，腰部保護ベルトなど

(3) 労働衛生保護具

化学物質を取扱う職場ではSDSを活用し，記載されている内容と作業内容や方法から，どういう危険があるかを知ることが大切です．

1) 呼吸用保護具

大気中の有害物質が粒子状である場合には防じんマスクを，ガスや蒸気の場合には防毒マスクを使用します．

① 防じんマスク

使い捨て式と取替え式があります．特徴を知ったうえで使いましょう．

選定のポイント
- 国家検定合格品であること．
- 密着性のよい，自分の顔にぴったり合うもの．

使用限度時間以内でも，息苦しくなったり，変形してきたら交換する．

密着性の確認（陰圧法）
　手でフィルターの吸気口を軽くふさいで，面体と顔との間から空気の漏れがないか装着時に必ずチェックする．

次のようになったものはすぐ交換する
- 息苦しくなったもの．
- フィルターが変形したり，汚れが目立つもの．
- しめ紐がゆるんでいたり，とめ具が変形したもの．
- ゴムがべたつくなど，吸排気弁や面体，その他の部品に劣化があったり，キズや破損があるもの．

使い捨てマスク

※写真提供：㈱谷沢製作所

　有害ガスが発生する職場，酸素濃度18％未満の職場では使用してはいけません．

② 防毒マスク

防毒マスクは、吸収缶内の薬剤が有毒なガスや蒸気を吸着してろ過します。面体の状態、吸収缶の種類や使用期限について確認することが大切です。

選定のポイント
- 国家検定合格品であること。
- ガスの種類と濃度に適したもの。
- 面体に半面と全面があり、有害性や濃度の高いものや、目に刺激のあるものを取扱うときは、全面形が適している。

吸収缶を正しく使う
- 早めに交換する。
- 破損、変形、亀裂の有無を確認する。
- 使用直前まで開封しない。
- 対象ガスに合うものを使う。
- 予備の吸収缶を用意しておく。

◎使用前に必ず陰圧法で密着性をチェックする。

※写真提供：㈱谷沢製作所

　酸素濃度18％未満の環境、有害物の種類や濃度が不明な時は使用してはいけません。また、粉じんが混在している作業環境では、粉じんなどを捕集する防じん機能を有する防毒マスクを使用します。

8.2 安全衛生保護具

③ 電動ファン付呼吸用保護具

電動ファンとろ過材（あるいは吸収缶）で有害物質を取り除き，きれいな空気を作業者に送風します．有害性の高い物質を扱う場合に適しています．

確認事項
- 破損，変形，亀裂はないか．
- 吸収缶は取扱う化学物質に適しているか．
- 吸収缶，フィルターが交換時期になっていないか．

◎面体形の場合は，密着性を確認する．

・バッテリーの充電，風量は十分か．

※写真提供：㈱谷沢製作所

酸素濃度 18％未満の環境，有害物の種類や濃度が不明の時は使用してはいけません．

④ 送気マスク

有害環境から離れた場所の新鮮な空気をホースで作業者に送ります．行動範囲は限られますが，長時間使用できるので，高濃度の化学物質を扱う場合に適しています．

確認事項
・顔に密着しているか．
・呼吸に適した空気を取り入れているか．
・行動範囲に合うホースの長さを確保しているか．

作業主任者による作業前点検の実施，作業者と空気を送る元の間を監視する人を選任する．

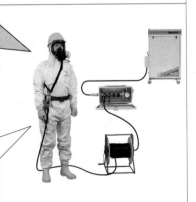

※写真提供：㈱谷沢製作所

⑤ 空気呼吸器

空気ボンベから空気を供給するため，使用できる時間は限られますが，ホースなどで行動を制限されることがないため，酸欠の危険がある職場などで使われます．日頃から装着訓練を行うことが大切です．

確認事項
- 顔に密着しているか．
- 連結管，吸気弁，排気弁，接続部に異常はないか．
- 圧力計，警報器などが正常に作動しているか．

警報が鳴った場合に備えて，安全な場所への脱出経路を確認しておく．

※写真提供：㈱谷沢製作所

⑥ 化学防護服・化学防護手袋

有害性の高い物質，皮膚から吸収しやすい物質を扱う作業では，化学防護服を使う必要があります．化学防護手袋は，皮膚から有害物質が入り込むのを防ぎます．

有機溶剤を扱っている作業者の一般作業服は，有機溶剤蒸気の50％〜70％を透過しているが，化学防護服によって5％以下に抑えることができる．

取扱う化学物質が透過しにくい材質で，作業に合うものを選ぶ．

※写真提供：ミドリ安全㈱，スリーエム ヘルスケア㈱

8.2 安全衛生保護具

⑦ 保護めがね・防災面など

防塵用眼鏡	防塵用ゴーグル	遮光用眼鏡	溶接用保護面	防災面

粉じんや飛来物などから目を保護するために防じん用保護めがねがある．

溶接作業のアーク光から目を保護するために遮光用保護めがねや溶接用保護面の着用が必要である．

コンクリート片，溶剤，油など強烈な飛来物から顔を守るには防災面，防熱面を着用する必要がある．

※写真提供：㈱谷沢製作所

⑧ 耳栓・イヤーマフ

耳栓は，使う人の耳の穴に合う，遮音性の高いものを選び，正しい位置に装着しましょう．

騒音から聴力障害を防ぐために耳栓などの防音保護具を使う．
耳栓，イヤーマフのどちらを選ぶかは作業の種類などによる．

耳栓

イヤーマフ

※写真提供：㈱谷沢製作所

(4) 安全保護具
1) 保護帽

頭部を保護するためのヘルメットを「保護帽」といいます．検定に合格したものでなければ使用できません．また，保護帽は作業によって種類が分かれていますので，作業に合うものを使用する必要があります．

① 保護帽の種類

保護帽の使用区分と構造，機能

使用区分	構造	機能
飛来・落下物用	帽体，着装体，あご紐	上方からの物体の飛来または落下による危険防止または軽減するためのもの．
墜落時保護用	帽体，着装体，あご紐，衝撃吸収ライナー	墜落による危険防止または軽減するためのもの．
飛来・落下物用墜落時保護用兼用	帽体，着装体，あご紐，衝撃吸収ライナー	上方からの物体の飛来または落下による危険及び墜落による危険防止または軽減するためのもの．
飛来・落下物用（墜落時保護用）電気用	帽体，着装体，あご紐（衝撃吸収ライナー）	飛来物または落下物による危険（及び墜落による危険）を防止または軽減し，帽体が充電部に触れた場合の感電による危険を防止するためのもの．

保護帽の材質と性能

材質＼性質	耐燃・耐熱性	耐候性	耐電性	耐有機溶剤性	備考
FRP ポリエステル樹脂をガラス繊維で強化した樹脂製	◎	◎	×	○	耐候性・耐熱性は特に優れているが帯電性には使えない．
ABS アクリロニトリル，ブタジエン，スチレン樹脂製	△	△	◎	×	帯電性には優れるが，高熱環境での使用には不向き．
PC ポリカボネード樹脂製	○	○	◎	×	耐候性はABSより優れている．
PE ポリエチレン樹脂製	△	○	◎	◎	有機系の薬品を使用する作業に最適．

◎＝特に優れている　○＝優れている　△＝やや劣る　×＝劣る

② 保護帽の選び方

　保護帽は，作業に合った種類のものを選んで着用することが大切です．上からの飛来落下の恐れがある場合は，「飛来落下物用」を，機械や設備からの墜落の恐れがある場合は「墜落時保護用」を，またその両方の恐れのある場合は「飛来落下・墜落時保護兼用」を，さらに感電(使用電圧7,500V以下)の恐れがある場合には「電気用」を選択しなければなりません．

　なお，保護帽の帽体内側には，「保護帽の型式検定合格を表示するラベル」が貼付されていますので，確認しておくことが必要です．

検定合格表示ラベルの例

```
型式名称： 161－JZV
保護帽    帽体材質  PC
労（ 平 29.6 ）検
(1)TH3922   (2)TH3923   (3)TF925
製造業者    （株）○○製作所
製造年月  H30.9
（1）飛来落下物用  （2）墜落時保護用
（3）電気用7,000V以下
```

保護帽の帽体内部に貼ってあるラベルを見て作業に合った種類の保護帽を着用する．

2) 墜落制止用器具

高所作業では，足を滑らせたり，体のバランスを崩すなどして多くの作業者が墜落しています．

2018年(平成30年)6月8日に労働安全衛生法施行令が，また同年6月19日には労働安全衛生規則の一部が改正され，2m以上の作業床等のない箇所では，原則として，フルハーネス型墜落制止用器具を使用することとされました．具体的には，6.75m(建設作業では5m)を超える箇所で作業をする場合は，フルハーネス型を使用することとされ，6.75m(建設作業では5m)以下で作業する場合は，胴ベルト型墜落制止用器具の使用が認められることになりました．

これまで使用していた「安全帯」という呼称は，「墜落制止用器具」に改められました．

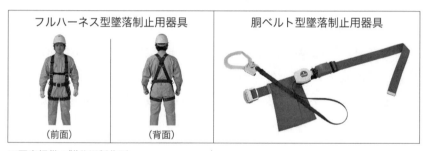

※写真提供：㈱谷沢製作所

① 使い方のポイント

- 取付設備は，できるだけ高い位置のものを選ぶこと．
- 垂直構造物や斜材などに取り付ける場合は，墜落制止時にランヤードがずれたり，こすれたりしないようにすること．

- 墜落制止用器具は，墜落した場合に，振子状態になって物体に激突しないような場所に取り付けること．
- 一度でも衝撃を受けた（墜落した）ものは使わない．

墜落制止用器具の種類と作業例

種類	ベルトの種類	ランヤードの種類	作業の高さ
フルハーネス型墜落制止用器具	フルハーネス型	1本つり専用	・6.75m（建設作業などでは5m）を超える高さ． ・2m〜6.75m以下の高さでも使用できる．
胴ベルト型墜落制止用器具	胴ベルト型	1本つり専用	・6.75m（建設作業などでは5m）以下の高さ．

3) 安全靴

　安全靴は，「つま先に鉄板が入っている重い靴」という印象がありますが，最近の安全靴は，性能の向上とともに軽くなり，疲れにくく，より履きやすいものへと変わってきています．安全靴には足指を保護し，体のバランスを保つ大切な役目があります．

作業に合う靴を履いていなかったために怪我をしたり，静電気がスパークしたりすることが起きないように，作業に合った靴を履くことは，大変重要です．

長い時間使用する靴であることを考えて，サイズ，重量など，自分の足に合うものを選びます．

安全靴の JIS 規格において，作業の区分に応じて 3 つの種類と，静電気帯電防止用が定められています．作業内容や歩行する箇所の状態などに応じて，JIS 規格に適合したものを選びましょう．

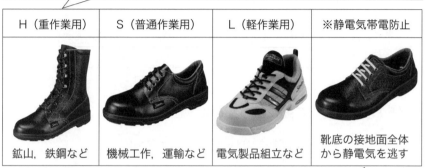

H（重作業用）	S（普通作業用）	L（軽作業用）	※静電気帯電防止
鉱山，鉄鋼など	機械工作，運輸など	電気製品組立など	靴底の接地面全体から静電気を逃す

※写真提供：㈱谷沢製作所

※静電気帯電防止靴は，引火性の物質の蒸気，可燃性ガスまたは粉じんが存在し，爆発または火災が発生するおそれのある場所で作業を行うとき使用します．

4） 作業手袋

① 手袋の種類

手を保護するための手袋も，作業の種類ごとに作業に合うものを選びます．

溶接用革手袋	防しん用手袋	電気用ゴム手袋	切創防止手袋	防寒手袋	耐熱素材の手袋

※写真提供：㈱谷沢製作所，ミドリ安全㈱

② 手袋の保管

・電気用は，パウダーをふって形を整え，折り曲げずに保管し，6カ月以内ごとに1回絶縁性の定期検査をする．
・ゴム製(PVA(ポリビニールアルコール)以外)は水洗いして陰干しする．
・革製は湿気のない場所に保管する．洗濯したり，ビニール袋に密封したりしない．

（5） 保護具を有効に使うために

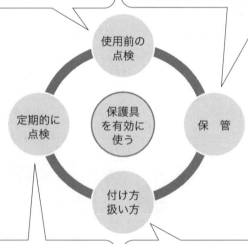

保護具を有効に使うためのポイント

・職場のチェックリストに従い，使用前後に不具合がないか点検する．
・変形していたり，材質が劣化したものは新品と交換する．

・材質を考え，直射日光の当たらない風通しの良い場所に保管する．
・使ったら，汗などはできるだけ拭き取り，清潔にする．
・形を整え，決まった場所に片づける．
・腐食性液体，有機溶剤，油類，酸類，火気のあるところには保管しない．

使用年限が指定されているものは，年限内に交換する．

職場で指定された作業に合うものを使い，正しい着用方法を確認しておく．

8.3 整理整頓から5Sへ

「整理整頓」は，作業者にとって基本中の基本といえるもので，多くの企業で実施されています．

> 職場の品質，効率，原価，納期，安全衛生向上は整理整頓が基本

| 整理 | 必要なものと不要なものに分ける | 必要なもののみ残す |
| | | 不要なものは捨てる |

| 整頓 | 必要なものを，いつでも使えるように整備して置いておく |

最近では，この「整理整頓」に「清掃」，「清潔」，「しつけ」を加えて「5S」と呼ばれています．

> **5Sとは**
> 次の5つの言葉の頭文字「S」をとって，5Sといいます．
> ・整理：いらないものを捨てること
> ・整頓：いつでも取り出し，使える状態で置いておくこと
> ・清掃：きれいな状態にすること
> ・清潔：整理，整頓，清掃した状態を保つこと
> ・しつけ：整理から清潔までのルールを守るようにすること
> 4Sとは，整理，整頓，清掃，清潔のことをいいます．

(1) 5Sのねらい

5Sは，整理整頓からスタートしたものですが，次のようなねらいをもっています．
① 仕事の品質，原価，効率，納期，安全衛生の向上を図る．
② 快適な職場環境を作る．
③ 職場のコミュニケーションをよくする．

(2) 5Sで実施すること
1) 整 理

整理とは，使えなくなったもの，あるいは使っていないものなど，不要なものを捨てることです．整理で重要なことは，「思い切って捨てる」ということです．「使えるかもしれない」ということで残しているものには，実際には使わないでしまい込んでいるだけ，というものが多くあります．このようなものは思いきって捨てた方が，結果として得をすることが多いものです．

整理しなければならなくなるものを,「作らない」,「用いない」ということも,考えておくべき大切なことです.

2) 整頓

整頓とは,「いつでも使えるように整備して,置いておくこと」であり,工器具や資機材がすぐに取り出せるようにしておくことです.「整理」と「整頓」は一連の流れとして捉えて進めると効果的です.整頓は,それぞれの作業者が自分の持ち場において行うのが基本であり,整頓の仕方は職場でルールを作成しておく必要があります.

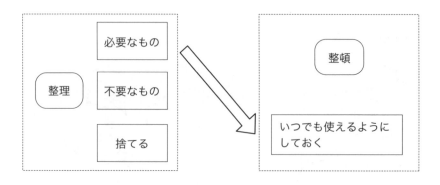

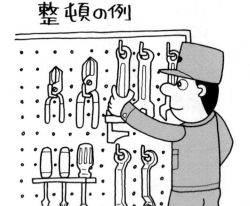

3) 清掃

　清掃は，ほこりや汚れを取り除くことです．職場の清掃がいきとどいていれば，みんなが気持ちよく働くことができ，作業能率も向上します．

　職場がほこりだらけだったり，汚れていると，
① 事故や災害につながりやすくなる
② クレームが増えてくる
③ 健康に影響が出てくる
④ 見学者に悪い印象を与える

といったことが発生します．

　自分の持ち場の清掃は，毎日決められた時間に，必ず行うようにルールを決めることが大切です．

　また，監督者は，一斉清掃日を決めるなどして，職場全体の清掃を心がけることが大切です．

4）　清　潔

　清潔とは，「整理」，「整頓」，「清掃」の3Sが維持されており，職場がキレイに保たれていることをいいます．

5）　しつけ

　「しつけ」とは，「整理」，「整頓」，「清掃」，「清潔」の4Sが職場で守られ，行われるよう，習慣づけることです．これらの4Sは，作業が「ミスなく」，「早く」，「安全に」，「良い環境で」行えるようにするための活動で，作業者にとってメリットの多いものです．このことを教えてから，習慣づけることが大切です．

　以上，5Sは，作業者が自分の作業を進めやすくするために行う活動であることを認識させ，「整理」，「整頓」，「清掃」については，その基準（「いつ」，「誰が」，「何を」など5W1H)を定めて実施することです．また，その実施状況については，定期的にチェックすることが必要です．

　この活動は，監督者が自らに厳しくしないと続かないものです．監督者が基準以下のこと，たとえば清掃などを少しでも怠ると，もう部下は誰も基準を守らなくなるものです．

　監督者が，率先して5Sに取り組めば，職場環境が良くなるばかりでなく，職場のコミュニケーションも取りやすくなります．

第9章
安全衛生点検

9.1 安全衛生点検の必要性

　労働災害は，法令の基準や規格及び安全な作業方法に適合していなかったために発生するものが多く，これらの不具合が事前に発見され，改善されていたら，災害の多くは未然に防止できていたと考えられます．

　安全衛生点検は，職場の機械設備，作業などに不安全な状態がないかどうかをチェックすることです．実施に当たっては，職場の事情に最も精通していて，かつ不安全な状態を是正する責任のある監督者及び作業者自身によって行うことが一番効果的です．

1) 機械設備，工具の点検

　機械設備，工具などは，新設時や新しい間は正常であっても，時間の経過とともに材料の変化，損耗，強度・精度の低下などが発生してきます．この老朽化が，機械設備の破壊，誤作動などを招き，災害の発生につながります．そのため，災害が発生してからではなく，常に異常がないかをチェックし，発見した異常に対しては必要な是正処置を取ることが大切です．

2) 整理整頓の点検

　整理整頓が悪いと，つまずき転倒や飛来落下の原因になるだけでなく，不安全な状態が見逃されたり，作業効率や安全意識の低下を招き，災害につながることになるので，早く異常を発見し，適切な処置を取るべきです．

3) 作業方法の点検

　作業方法については，安全作業のための作業標準や作業手順を定め，作業者への周知後に作業を行いますが，1度の周知だけでは十分でない

ので，作業者が技能として収得するまで指導・教育を繰り返し行わなければなりません．作業者が作業標準や作業手順に従った作業を行っているかをチェックする際は，日常的に作業者の行動を確認するようにして，決められた通りに実行していなければその場で指摘し，是正するように指導することが必要です．

　安全衛生点検において，機械設備の不安全な状態や作業者の不安全な行動を発見するためのポイントは次の通りです．

① 設備・機械，装置，工具などの各部分が良好な状態で保持されているか．
② 危険・有害物質が安全衛生上，適切に取り扱われているか．
③ 安全装置，保護具などが確実に使用されているか．
④ 通路，床，階段が安全な状態にあるか．
⑤ 照明，換気などの作業環境条件が適切な状態にあるか．
⑥ 作業者は作業手順を守っているか．

安全衛生点検の目的は，機械設備の不安全な状態や作業者の不安全な

行動をチェックするだけではありません．労働災害の原因には，不安全状態，不安全行動のほかに管理上の欠陥もあり，安全衛生点検ではこれらすべてについてチェックする必要があります．特に管理上の欠陥は，不安全な状態や不安全な行動の背景にあるため，表面的な確認では見逃されがちです．見える事象の点検だけでなく，本質的な改善を図るためにも，背景にある管理の欠陥を常に意識すべきです．

効果的な安全衛生点検とするためには，その目的や対策によって，点検者や点検方法を考えなければなりません．

点検の主要目的

階層別区分		主要目的
スタッフ	安全衛生課長	安全衛生管理状況の把握 専門的な指導 専門的な問題解決
	安全専任者	安全衛生活動状況の把握 問題点の指摘と指導 是正処置の確認
ライン	監督者	職場の安全衛生状況の把握と指示事項の確認 教育・指導と是正後の確認 安全衛生活動の推進
	作業者	担当設備・機器，器工具，保護具などの機能のチェック 作業環境，整理整頓の状況
その他	協力会社との合同	協力会社の指導育成 協力体制の緊密化 意識の向上，意思疎通
	特定資格者による検査	法規に定められた特定設備・機器の自主検査など

9.2 点検の種類

(1) 日常点検
① 作業開始前点検
　その日の作業や機械設備を使用する前に，目視及び短時間の作動試験などにより行う点検のことで，機械設備を使用する作業者が主体で行うことになります．安衛法では，始業点検について多くが定められていますが，異常が発見された場合は，直ちに整備・補修し，安全を確認した後に使用を開始しなければなりません．

② 作業中の点検
　監督者は，安衛法に定められている作業行動に関する規制や行動の監視についての実施状況を確認しなければなりません．また，規制に違反する行動などを発見した場合は作業を中断し，対策を講じなければなりません．

③ 機械持ち込み時の点検

協力会社などが，運搬機械，アーク溶接機，電動工具類，仮設機材などを作業現場に持ち込む際には，機械持ち込み時の点検を行い，異常のないことを確認してから使用すべきです．

(2) 定 期 点 検

① 定期自主検査

定期自主検査とは，安衛法の規定により，ボイラー，クレーンなどの特定の機械設備について，1カ月，6カ月，1年など，一定の期間を定め，外観，構造及び機能の点検と各部の検査を行うものです．

② 特定自主検査

特定自主検査とは，定期自主検査の対象機械のうち，専門知識，技術を有する人間による検査が必要な，動力プレス，フォークリフト，不整地運搬車，車両系建設機械，高所作業車について，厚生労働大臣または都道府県労働局長に登録した検査業者，または事業場内の有資格者でなければ実施できない検査です．

③ その他の定期点検

法定の点検のほか，危険防止上重要な機械設備については，事業場として定期点検を行う対象を自主的に定めておく必要があります．

法令に基づく安全点検・検査（製造業関係）

No.	定期自主検査, 点検を行うべき対象	点検 作業, 使用開始前	点検 その他	自主検査 再開時	自主検査 定期 月1回	自主検査 定期 年1回	自主検査 その他
			I　労働安全衛生規則				
1	動力プレス	134		134の3(2)		134の3	(特定自主検査 135の3)
2	シャー	135		135(2)		135	
3	プレスなど	136					
4	動力遠心機械			141(2)		141	
5	高速回転体の回転軸		150(回転試験時の非破壊検査)				
6	産業用ロボット	151					
7	フォークリフト	151の25		151の21(2)	151の22	151の21	(特定自主検査 151の24)
8	ショベルローダー フォークローダー	151の34		151の31(2) 151の32(2)	151の32	151の31	
9	ストラドルキャリヤー	151の41		151の38(2) 151の39(2)	151の39	151の38	
10	不整地運搬車	151の57		151の53(2)	151の54		151の53(2年以内ごとに1回)(特定自主検査151の56)
11	構内運搬車	151の63					
12	貨物自動車	151の75					
13	コンベヤー	151の82					
14	車両系建設機械	170		167(2) 168	168	167	(特定自主検査169の2)
15	高所作業車	194の27		194の23(2) 194の24(2)	194の24	194の23	(特定自主検査194の26)
16	電気機関車等			228(2) 229(2) 230(2)	230	229	228(3年以内に1回)
17	軌道装置	232	232(2)(軌道は随時)				
18	コンクリート打設作業の型わく支保工	244					
19	化学設備など	277	277(2)(用途変更時)	276(2)			276(2年以内ごとに1回)

No.	定期自主検査,点検を行うべき対象	点検		自主検査			
		作業,使用開始前	その他	再開時	定期		
					月1回	年1回	その他
20	防爆構造電気機械器具(移動式,可搬式)	284					
21	乾燥設備など			299(2)		299	
22	アセチレン溶接装置 ガス集合溶接装置			317(2)		317	
23	絶縁用保護具など			351(2)			351(6月以内ごとに1回)
24	電気機械器具など	352					
25	電気機械器具の囲いなど		353(月1回以上)				
26	採石作業箇所	401	401(中震以上・大雨・発破後)				
27	繊維ロープ	419					
28	ハッチビームなど	456					
29	揚貨装置	465					
30	スリング	476					
31	木馬道,ワイヤロープ,制動装置	490		490(2)			
32	つり足場	568					
II　ボイラー及び圧力容器安全規則							
1	ボイラー			32(2)		32	
2	第1種圧力容器			67(2)		67	
3	第2種圧力容器			88(2)		88	88
4	小型ボイラー,小型圧力容器			94(2)		94	94
III　クレーン等安全規則							
1	クレーン	36	37(屋外30m／S風速・中震以上後)	34(2) 35(2)	35	34	
2	移動式クレーン	78		76(2) 77(2)	77	76	
3	デリック	121	122(屋外30m／S風速・中震以上後)	119(2) 120(2)	120	119	
4	エレベーター		156(30m／S風速・屋外中震以上後)	154(2) 155(2)	155	154	

9.2 点検の種類

No.	定期自主検査,点検を行うべき対象	点検		自主検査			
		作業,使用開始前	その他	再開時	定期		
					月1回	年1回	その他
5	建設用リフト	193	194(地下除く30m／S 風速・屋外中震以上後)	192(2)	192		
6	簡易リフト	210		208(2) 209(2)	209	208	
7	ワイヤーロープなど	220					
IV ゴンドラ安全規則							
1	ゴンドラ	22	22(2)(強風・大雨・大雪後)	21(2)	21		

(注) 1. 表中の数字は安衛則,ボイラー及び圧力容器安全規則,クレーン等安全規則,ゴンドラ安全規則の該当条文を示す.
　　 2. 条文の次の(　)内数字は項を示す.
　　 3. 労働衛生関係事項は省略.

(3) 臨時点検

① 労働災害・事故発生後の点検

事故や労働災害が発生した場合,その再発防止のために発生状況を調査し,その原因を分析します.その結果を受けて,同様の原因で労働災害・事故が発生するおそれがないかどうか,点検を行わなければなりません.

② 悪天候後などの点検

震度4以上の地震,強風や大雨などの悪天候の後に,クレーン,ゴンドラ,足場,掘削箇所などについて点検を行うことが,法令で規定されています.

③ 是正勧告などによる点検

労働基準監督官などが行った臨検時に法令違反による是正勧告を受けた場合や,社内・社外の安全パトロールにより指摘を受けた場合,点検を確実に行わなければなりません.

(4) 国が行う検査

① 性能検査

ボイラー，第1種圧力容器，クレーンなどの特定機械などについては，一定期間ごとに国の登録を受けた登録性能検査機関の検査員が，性能検査を行うことが法令で定められています．

事業場は，検査を受ける前に対象となる機械などを点検し，整備しておく必要があります．

② 変更検査，使用再開検査

性能検査の対象となっている特定機械などの構造部分を変更したり，使用を再開する場合，労働基準監督署の検査を受けなければなりません．

9.3 点検時の心得

(1) 点検計画の策定

効果のある安全衛生点検を行うためには，あらかじめ計画を策定しておく必要があります．点検計画に盛り込まれるべき主な事項は，次の通りです．

① 点検の時期と頻度：年，月，毎週，毎日，作業中，随時など．
② 点検の実施者：経営トップ，安全管理者，ラインの監督者，職長，作業者など．
③ 点検の対象：機械設備，電気設備，危険物，有害物質，作業方法など．
④ 点検方法：目視，判断基準との照合，精密点検の実施など．
⑤ 点検箇所：事業場全般，事業場の一部，危険箇所，有害物質取扱場所など．

⑥ 点検で用いる機器材など：カメラ，計測機器，ライト，点検表など．

(2) 点検表の作成

点検漏れを起こすことなく，限られた時間内で効率的な点検を行うためには，点検計画に沿った点検表を作成し，点検を行う必要があります．

点検表は，その作成に際し関係者の意見を聴き，優先順位を定めたうえ，点検対象に相応した法令だけでなく，幅広い内容で作成しなければなりません．また，点検結果，災害発生，法令改正などにより適時見直すことも必要です．

(3) 是正結果の確認

指摘した事項について，適切に是正されているかを確認します．

(4) 安易な妥協はしない

たとえば，点検による指摘事項に安全装置の未使用があり，その未使

点検表の例（プレスの始業前点検）

機械名	型式	点検年月日	職場名	課長	点検者	プレス作業主任者

No.	点検箇所	点検内容	点検方法	判定基準	点検日 1	2	3	4	5	6	7
1	クランクシャフト	締付け	メタルキャップ締付けボルト・ナットのゆるみはないか	十分な締付け							
2	フライホイール	締付け	ボルト・ナットにゆるみはないか	十分な締付け							
3	クラッチ	動作	動作状況・停止位置をみる	確実な動作							
4	ブレーキ	動作	動作状況・上死点停止角度の確認	確実な動作							
5	スライド	締付け	上型取付けのボルト・ナットにゆるみはないか	十分な締付け							
6	コネクティングスクリュー	締付け	ボルト・ナットにゆるみはないか	十分な締付け							
7	コネクティングロッド	締付け	ボルト・ナットにゆるみはないか	十分な締付け							
8	各部の給油	給油	給油は適切か	適量の給油							
9	モーター	音	異常音はないか	異常音の発生							
10	圧力計（空気・油）	圧力	規定圧力の確認をする	規定圧力							
11	操作スイッチ	動作	動作状況（1行程動作など）をみる	確実な動作							
12	急停止機構及び非常停止スイッチ	動作	停止状況をみる	確実な停止							
13	型締付けボルト	締付け	下型取付けのボルト・ナットにゆるみはないか	十分な締付け							
14	安全装置（安全囲いなど）	作動	作動状況・取付け位置をみる	確実な作動							
15	付帯設備	作動	材料・製品の送給・取出し等の付帯設備の作動状況・取付け位置をみる	確実な作動・取付け位置の安全							
特記事項			処置の有無、上司への報告などについて記載する								

判定符号　良：○、不良：×

用の理由が「安全装置を使うと作業がやりにくい」といった場合は，安全装置の改良を図るべきで，安易に安全装置の未使用を容認してはいけません．

9.4 点検結果と改善措置

　安全衛生点検が単なる指摘だけで終わっては，所期の目的を達成できません．指摘事項を是正するのはいうまでもなく，指摘事項を分析し，重要な事項については，再発防止のための計画的な改善を行わなければなりません．

　点検後の改善措置が適切に行われないと，点検の有効性が減少するだけでなく，職場の安全管理レベルの停滞を招きかねません．

第9章 安全衛生点検

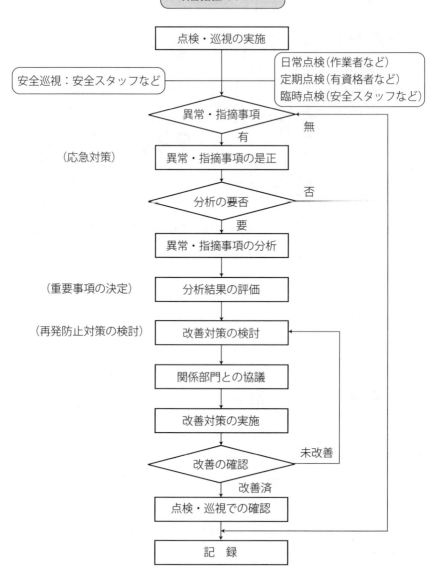

第10章 異常時及び災害発生時における措置

10.1 異常とは

　異常とは，正常に進行していることが，支障をきたし始めた状態をいいます．たとえば，「モーターが異常音を出し始めた」とか，「回転軸が少しぶれ始めた」といった状態です．正常に動いていたものが，異なった動きをし始めたときが異常です．

　「異常」が現れる以前に，正常の状態と違う「ズレ」が先に出てきます．「ズレ」を放置すると異常になり，ひいては「事故・災害」へと繋がっていくことになります．

　大津波が襲ってくると察知した庄屋の浜口悟陵が，自分の田んぼに積んであった稲むらに火をつけることで村人に急を知らせ，その命を救ったという「稲むらの火」の出来事は，異常時における適切な処置といえます．

10.1 異常とは

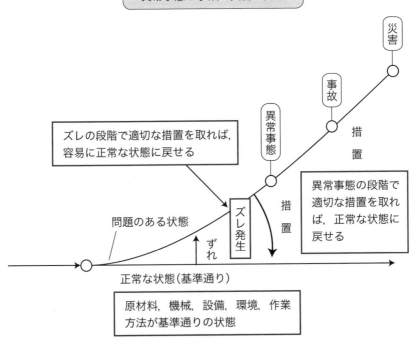

（出典）中央労働災害防止協会編：『職長の安全衛生テキスト』(第4版)，中央労働災害防止協会，p.125，2009 年を元に作成．

異常事態の種類

種　類	異常項目
機械設備の異常	運転中の機械の異常な音，振動，熱，速度など
	計器類の異常な振れ
	操作中の機器類の異常な動き
	装置・機器の安全装置の破損，機能低下
	防護覆い，囲い，仮設物などの取り外し，あるいは移動したままでの放置
	防護覆い，囲い，仮設物などの損傷

種　類	異常項目
機械設備の異常	警報器の作動不良
	器具，工具，用具類の破損，摩耗
	換気装置の機能低下
	停電，断水
作業環境の異常	作業場での異常な臭気，粉じん，ガス，煙などの発生，酸欠状態
	照度の不足
	自然環境の異常（地震，強風，大雨，雷，異常出水，土砂崩壊）
	取扱化学物質などのもれ，こぼれ，あふれ
作業者の行動	作業手順通りに作業をしていない
	壊れている作業設備をそのまま使用している
	運転しながら機械の掃除，注油をしている
	安全装置を外したり，無効にして作業している
	必要な保護具を使用しないで作業している
	不安定，無理な姿勢，危険なところで作業している
	合図・誘導が決められた方法で行われていない
	通路にものを置いている
	物を高く積み上げすぎている
	墜落制止用器具を使うよう指示されている場所で，墜落制止用器具を使っていない
	体調が悪い（動作が緩慢・ミスが多い）
管理の異常	作業前点検をしないで作業を開始した
	部品の遅れなどにより作業手順を見直さなければならないのに，そのまま作業を進めた
	関係者への連絡調整にミスがあった
	作業の危険性または有害性を周知していなかった

10.2　異常の発見

　異常を発見した場合は，直ちに適切な措置を取らなければなりませんが，「異常な状態」の感じ方が作業者によって異なっていたのでは，対応にばらつきが出ることになります．そのため，あらかじめ作業者に「異常とはこのような状態をいう」と示し，具体的に教える必要があります．

　「異常な状態」を理解させるためには，まず，正常な状態の判断基準を定量的(計器でのデジタル表示など)に表し，示すことです．作業者は，この基準をもとに異常な状態を見つけ出すことができます．

　しかし，運転中の機械が発する異臭，熱などから「異常な状態」を見つけ出すのは難しいことです．このような正常状態の判断基準を定量的に数字などで示すことができないものは，異常な状態の実例を「見せて，聞かせて，触れさせて」，体で覚えさせることです．

　異常を発見した場合は，異常な機械設備の種類及びその程度に応じて対応を決めておき，適切な対応が取れるようにしておくことが重要です．

10.3　異常時の措置

　異常を早く発見し，早く措置を講じることで，事故や労働災害を未然に防ぐことができます．監督者は，異常を発見したり，報告を受けた場合は，あらかじめ決められた手順に従い，適切に措置を講じなければなりません．

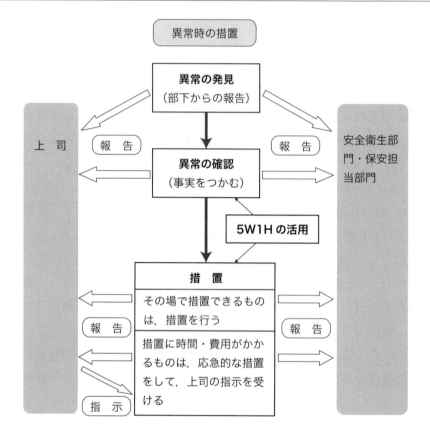

　異常時に適切な措置ができるように「異常時の措置マニュアル」を定めておき，あらかじめ訓練しておくと，いざというときに対応を誤りません．

　「異常の確認」と「措置」は，5W1Hを活用すると，漏れもなく，適切に処理できます．

5W1Hは報告，確認，連絡，措置などの際に活用できる

非常停止とは

　危険有害ガスの送給配管，コンベア・ラインやタンクなどで異常が発生し，事故や火災爆発・災害に発展するおそれのあるときは，緊急措置として送給の停止や，電源遮断，退避などの措置を迅速に取らなければなりません．

　非常停止の措置については，訓練により関係者にその手順や方法を熟知させておくことが必要です．

10.4　労働災害発生時に行わなければならないこと

　労働災害は，いつ発生するかわかりません．発生が予測されるのであれば，それなりの対応が取れますが，残念ながら労働災害は「時期」，「場所」，「対象者」を選ばずに発生します．そのため，いつ発生しても適切な対応が取れるようにしておかなければなりません．

　現場に常駐している監督者は，労働災害が発生したときは，まっ先に駆けつけて，迅速に適切な対応を行わなければなりません．

　最近は，労働災害も減少していて，実際に労働災害に出会ったことが

ない人が多くなりました．そのため，初めて生々しい重傷災害に出会うと，動転して冷静に的確な判断ができなくなるおそれがあります．したがって，職場の「労働災害発生時の役割分担表」を作り，災害発生時に「誰が，何を，どうするのか」を決めておくことが大切です．

(1) 労働災害発生時の対応

労働災害発生時の対応は，災害の大きさにより違ってきます．

また，事故と労働災害で多少の違いはありますが，ここでは，労働災害への対応を中心に取り上げます．

産業安全の分野では，人の被害をともなったものを「災害」といい，人の被害をともなわないものを「事故」といいます(p.19 参照)．

事故と労働災害

事故とは　事故とは，「当面する事象の正常な進行を阻止または妨害する出来事」で，物の損害をともなうものです．

労働災害とは　労働者の業務にともなう，死亡，障害，傷病です．

軽微な災害の対応，労働基準監督署への届出

・軽微な災害の対応

被災者の手当 ⇒ 所定の連絡先への連絡 ⇒ 現場の保存（再発防止対策のため）

・労働基準監督署への届出

休業 3 日以下の労働災害は，「労働者死傷病報告」(様式 24 号)により報告します．この報告書は，1～3 月，4～6 月，7～9 月，10～12 月の 3 カ月分をまとめて，最後の月の翌月末日までに提出しなければなりません．

10.4 労働災害発生時に行わなければならないこと

死亡及び重傷災害の対応と労働基準監督署への届出

・死亡及び重傷災害の対応

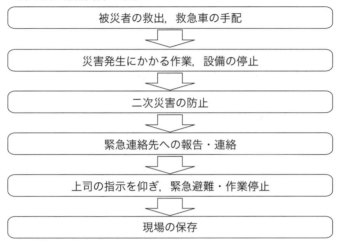

・労働基準監督署への届出

休業4日以上の労働災害は、「労働者死傷病報告」(様式23号)により、遅滞なく報告します。

特定の事故の労働基準監督署への報告

次の特定の事故については、労働基準監督署へ遅滞なく報告しなければなりません。
① 事業場または付属建設物内での、火災・爆発の事故、遠心機械・研削といしの破裂事故、巻き上げ機などの鎖・索切断、建設物・煙突・高架そうなどの倒壊事故。
② ボイラーの破裂、煙道ガスの爆発事故。
③ 小型ボイラー、圧力容器の破裂事故。
④ クレーン、移動式クレーン、デリック、エレベーター、建設用リフト、簡易リフト、ゴンドラの事故。

(2) 労働災害発生時の監督者の心構え

監督者は，災害発生時の心構えとして，次の６つを心得ておくことが重要です．

1) 災害発生時の６つの心得

① 被災者の救出を最優先させる（人命尊重）．
  ・応急手当．
  ・救急車の手配．
② 災害の発生に結びついた作業または設備は，直ちに停止する．
③ 災害の拡大を防ぎ，救出時を含めた二次災害の発生を防止する．
④ あらかじめ定められている緊急連絡先に報告・連絡する．
⑤ 労働災害の影響が大きい場合は，直ちに上司に報告し，その指示に従い緊急避難，非常停止などの措置を取る．
⑥ 現場を保存する．

2) 緊急連絡先への報告・連絡の心得

労働災害が発生した場合，速やかに上司，安全部門，警備部門など，関係部門に報告・連絡しなければなりません．たとえば，警備部門への報告が遅れた場合，救急車が到着しても守衛が災害のことを知らなかったために正しい対応が取れず，入口でトラブルになるといったことが発生します．

このようなことが起きないよう，労働災害が発生した場合の「緊急連絡先」を職場に提示しておくとよいでしょう．

報告と連絡

　報告は，「任務を与えられた者が，その遂行状況や結果を述べる」とされていて，上部，上司に対して状況・結果を述べるという意味合いで使われています．

　連絡は，「互いに関連すること」，「相手に通報すること」とされていて，関係先に伝えるという意味合いで使われています．

3) 現場の保存の心得

　軽微な労働災害では，警察署も労働基準監督署も出向いてきませんが，死亡あるいは重大な労働災害の場合は，調査，事情聴取や捜査のために，現地に赴いてきます．この場合，もしも現場を保存せず，状況が労働災害発生時と変わっているようなことがあれば，証拠隠滅を疑われ，問題を引き起こすことになるので，注意しなければなりません．

10.5　労働災害の分析と対策の立案・実施

　労働災害の調査分析と対策の立案は,「同じ災害を二度と繰り返さない」という目的で行うものです.「誰が災害を起こしたか(責任)」を問うのではなく,「なぜ,何が原因で発生したか.どうすれば防止できるか」という観点から行うものであることを,十分認識しておかなければなりません.

　労働災害は,人,機械,設備,環境,管理など,複数の要因が絡み合って発生します.同じ災害を再び発生させないためには,災害発生のメカニズムをよく理解したうえで,災害がなぜ発生したか,その要因をできるだけ多く集めて,真相を把握したうえで分析する必要があります.

　作業者の不注意で片づけられていた災害が,「実は,機械の操作がやりにくいことが真の要因であった」というような事例もあるので,安易に作業者の不注意で処理するのではなく,事実をよく把握することが何より大切です.

　また,この分析に当たっては,カンや経験で行うのではなく,できるだけ多くの関連する事実を集めて,科学的に行うことが重要です.

10.5 労働災害の分析と対策の立案・実施　221

調査のポイント
・関係者から直接原因はもとより間接原因も含めて，詳しく聞き出す．
・現場の状況は，写真，図面などで正確に残す．
・被災者から状況を聞くときは，調査の責任者が対応する．
・できるだけ多くの情報を集め，事実に迫る．

（1） 災害の分析と対策の立案・実施の４段階方式

４段階方式による一連の手順に従うと，詳しく分析でき，効果的な対策を立案することができます．

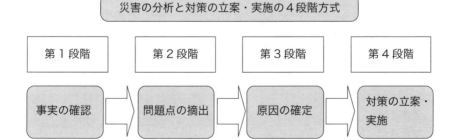

1) 事実の確認(第1段階)

労働災害の分析でまず行わなければならないのは，災害に関係のある事実の把握です．災害現場を調べたうえで，できるだけ多くの関連情報を集めて，事実をつかんでいくことが大切です．事実の把握が十分でなかったり，事実を誤認したりすると，対策を立案しても何の役にも立たないものとなってしまいます．真の対策を引き出すためには，事実を的確に把握することが，最も重要です．

事実の確認は，まず災害に関係のある事実を時系列で，すべて洗い出すことです．

次に，この事実を，「人に関すること」，「機械設備・作業・環境に関すること」，「管理に関すること」に分類します．

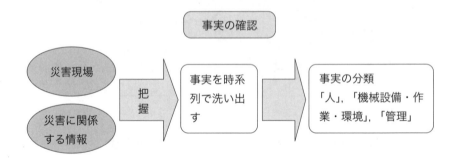

2) 問題点の摘出(第2段階)

第1段階で把握した事実を定められた基準に照らして，基準通りか，基準から外れているかを検討して評価します．そこで基準から外れているものが，問題点となります．

基準とは
安衛法令・社内規定・社内基準などです．

10.5 労働災害の分析と対策の立案・実施

社内規定などには，安全衛生管理規定，作業計画，設備基準，点検基準，作業手順，作業命令などが含まれます．

3) 原因の確定(第3段階)

第3段階で出された問題点を，直接原因(不安全状態・不安全行動)と間接原因(管理的欠陥)に分け，災害の根本的原因を確定します．

その際，リスクアセスメントの手法を用いて，これらの問題点を「災害の可能性(度合)」，「災害の頻度」，「災害の重大性(重篤度)」の面から分析し，根本的原因を確定するとよいでしょう．

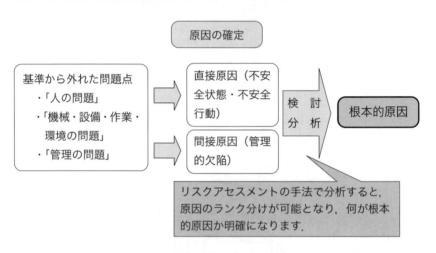

4) 対策の立案・実施(第4段階)
① 対策の立案

根本的な原因に対して，対策を立てます．対策は，具体的かつ実行可能なものとし，リスクアセスメントにより，次の優先順位で立案します．

1) 計画時の対策．
2) 機械設備による対策(本質的対策)．
3) 人に対する教育・訓練，管理面の対策．
4) 保護具による対策．

10.5 労働災害の分析と対策の立案・実施

[労働災害の原因分析手法]

労働災害の原因分析手法としては，次の3つの手法が有効です．それぞれの特徴を考慮して活用してください．

a) 特性要因図

特性要因図は，災害要因分析に用いられる手法で，要因を大・中・小などに分けて，体系的に検討できるというメリットがあります．関係者が集まって，要因や対策を検討するときに使用すると効果的です．

次図は，部品運搬中の転倒災害の災害要因をこの特性要因図で表したものです．

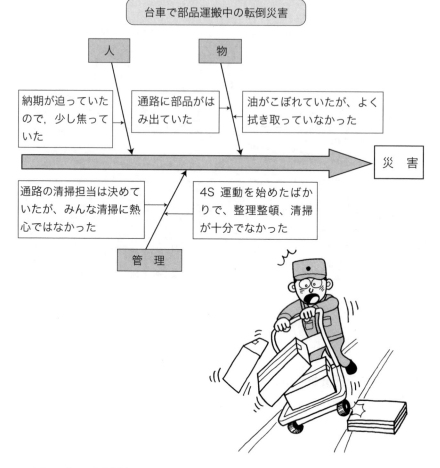

b) 4つのM法

 4つのM法は，Man(人間)・Machine(機械)・Media(情報・環境)・Management(管理)の4つのMにもとづき，事故・災害に至るまでの経緯を時系列で洗い出し，直接原因，間接原因に左右されず，要因を考えて分析する方法です．

 この方法によれば，先入観を排除して原因の調査が行え，また定性的に分析できます．

4M方式

Man(人間)
- 近道行為・省略行為・錯誤などの心理的原因.
- 疲労・睡眠不足・加齢などの生理的原因.
- 職場の人間関係，コミュニケーション不足など，職場の原因.

Machine(機械)
- 機械設備の設計上の欠陥.
- 危険防護の欠陥.
- 点検・整備の不良.

Media(作業・環境)
- 不適切な作業方法.
- 作業環境の欠陥.

Management(管理)
- 安全管理組織の欠陥.
- 規定・マニュアルの不備.
- 教育・訓練不足.
- 指導監督の不足.
- 不適切な健康管理.

c) FTA(欠陥関連樹法の解析法)

FTAの手法は，災害要因分析と対策の検討に使われます．分析すべき災害要因及び要因相互の関連を図式化して追求し，安全対策を定性的に検討することができます．

この手法は，列挙した要因をAND・OR記号(●・▲)などで結び，これを繰り返すことによって，設備，作業行動要因などの根本部分を追求します．このため，災害に関する要因の見落としが少なくなり，また要因間の関係が明確になります．

この分析手法は，システムの信頼性と特性に影響する要因として，システムに加えてヒューマンファクターも分析条件にして，要因の発生確

率にまで踏み込むものです．しかし，発生確率を入れると非常に複雑になるので，次に示す FT 図を用いた分析手法が実際的です．

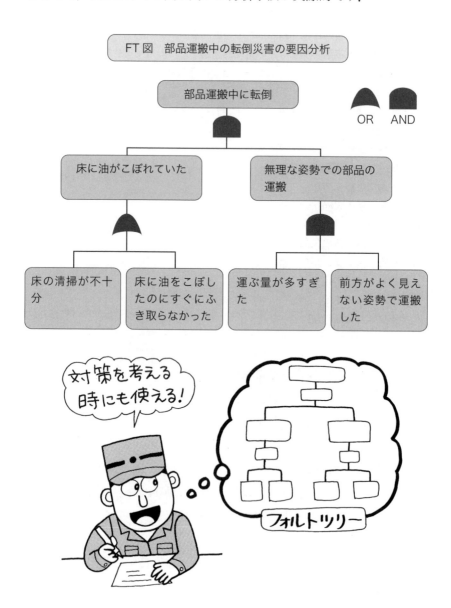

このFT図は，対策を考えるときにも活用できます．

部品運搬中の転倒災害の再発防止対策をFT図で表したものを，次に示します．

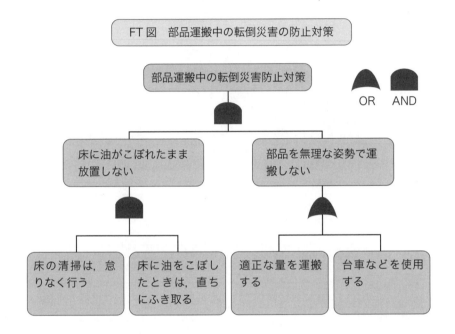

② 対策の実施

実施に当たっては，対策の内容ごとに実施部門責任者，期限，実施項目，実施方法などを決めます．また，その実施確認方法，確認者，評価方法などを決めておく必要があります．

労働災害の調査報告は，被災者，発生状況，発生原因，安全衛生管理組織図，発生状況図などについての調査結果を報告します．

調査報告書の例は，次の通りです．

労働災害調査報告書の例

部長	課長	係長	主任

労働災害調査報告書

　　　年　　月　　日

被災者	氏　名		生年月日		年　齢	
	性　別		雇用年月日		勤続年数	
	所　属		職　種		経験年数	
	傷病名		傷病部位		休業見込日数	
災害発生状況	発生日時		発生場所		作業名	
	監督者氏名		現認者氏名			

（記述欄）

直接原因	人的原因(不安全行動)	
	物的・環境の原因 (不安全状態)	
間接原因	管理的原因	

安全衛生管理組織図	災害発生状況図

第11章 労働安全衛生マネジメントシステムにおける監督者の役割

11.1 労働安全衛生マネジメントシステムとは

　労働安全衛生マネジメントシステムとは，「事業者が作業者の協力のもと，安全衛生方針，目標，計画，実行，監査，見直しのPDCA（計画―実施―評価―改善）サイクルを回しながら，自主的に安全衛生管理を日常業務の中で行うことにより，事業場の労働災害の防止を図るとともに，労働者の健康の増進及び快適な職場環境の形成の促進を図るもの」です．

　労働安全衛生マネジメントシステム（OSHMS）は，ヨーロッパで進められてきたものであり，特にイギリスでは，国際的な議論が始まる前から，この規格化の作業を開始していました．

　労働安全衛生マネジメントシステムは，1990年代中ごろに，ISO（国際標準化機構）が，ISO 9000（品質マネジメントシステム）シリーズ，ISO 14000（環境マネジメントシステム）シリーズに続く，ISO 18000シリーズとして，ISO規格化することを提起したことが発端となり，国際的に議論されることになりました．

その後，2001年にILO（国際労働機関）が労働安全衛生マネジメントシステムガイドラインを公表し，わが国の労働安全衛生マネジメントシステムの指針もこのガイドラインにもとづいて作成されています．

さらに2018年には，ISOがISO 45001を発行しました．

労働安全衛生マネジメントシステムの歩み

	1990年	2001年	2018年
海外	イギリスが労働安全衛生マネジメントシステムの規格化を推進（BS 8800）	ILO（国際労働機関）OSHMSガイドライン公表	ISO（国際標準化機構）ISO 45001発行

	1999年	2006年	2016年
国内	厚生労働省 労働安全衛生マネジメントシステムに関する指針を公表	厚生労働省 労働安全衛生法の一部改正（リスクアセスメント実施）指針の改正	厚生労働省 労働安全衛生法の一部改正（化学物質のリスクアセスメント義務化）

OSHMSとは

OSHMSとは，労働安全衛生マネジメントシステムの略称です．

- **O**：Occupational（職業上の・就業上の）
- **S**：Safety（安全）
- **H**：Health（健康・衛生）
- **M**：Management（管理）
- **S**：System（システム）

これらの言葉の頭文字を取ったものです．
※ISOでは「OHSMS」と呼称しています．

中央労働災害防止協会をはじめとするわが国の災害防止団体は，ILOのOSHMSガイドライン・厚生労働省の指針及びISO 45001を受け，それぞれ独自の労働安全衛生マネジメントシステムガイドラインを作成しています．

> **労働安全衛生マネジメントシステムガイドライン**
> 中央労働災害防止協会─────────JISHA方式適格OSHMS基準
> 建設業労働災害防止協会────────COHSMS（建設業）
> 陸上貨物運送事業労働災害防止協会─陸運業のためのOSHMSガイドライン
> 鉱業労働災害防止協会──────────鉱業におけるOSHMSガイドライン

各企業は，ILOのOSHMSガイドライン，厚生労働省のガイドライン，ISO 45001及び災害防止団体のガイドラインに準拠して，自社の労働安全衛生マネジメントシステムを作成しています．そのほか，審査登録機関などの規格にもとづく認証を取得している企業もあります．

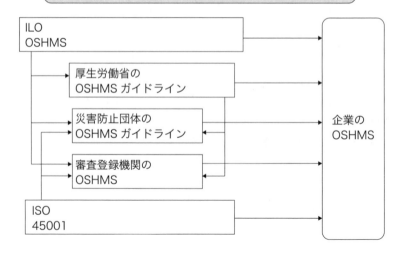

ILO OSHMS・ISO 45001などと企業のOSHMSとの関連

11.2 労働安全衛生マネジメントシステムの基本的な考え方

わが国では，1972年(昭和47年)に労働安全衛生法が制定され，事業場の安全管理組織の整備，充実が進むとともに，労働災害の長期にわたる減少を見てきました．しかしながら，最近その減少にも鈍化傾向が現れています．安全衛生管理のノウハウを蓄積したベテラン担当者の定年退職などにより，これらのノウハウが継承されずに，安全衛生水準が低下するのではないかなどの安全衛生管理上の問題が指摘されています．

このような中で，今後，安全衛生管理の質を高め，さらなる労働災害の減少を図るために，労働安全衛生マネジメントシステムを導入し，事業場において，「計画―実施―評価―改善」という一連の過程を定めて，これを継続的に実施する仕組みを作り，運用することが求められています．

労働安全衛生マネジメントシステムは，PDCA(計画―実施―評価―改善)のサイクルを回しながら，安全衛生水準を向上させていくものです．

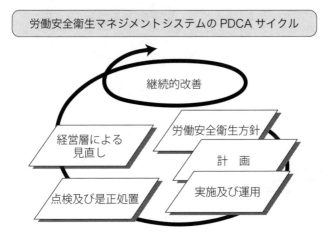

労働安全衛生マネジメントシステムは，これまで進めてきた安全衛生管理手法を根本から変えるものではなく，これまでの安全衛生管理に科学的手法を取り入れ，システム化して，自主的に安全管理を強化しようというものです．

(1) 労働安全衛生マネジメントシステムの特徴
1) PDCA(計画―実施―評価―改善)サイクルによる管理

労働安全衛生マネジメントシステムは，基本的には安全衛生についてPDCAを回すことにより，管理を進めようというものです．

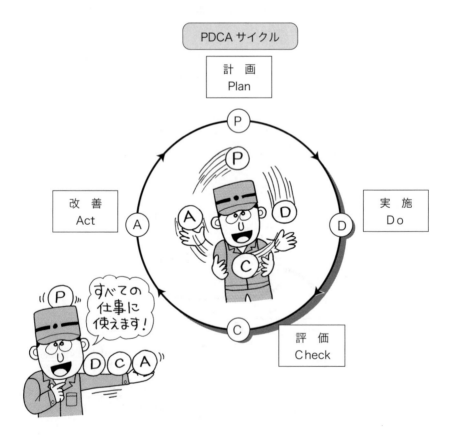

- 計画　Plan —— これまでの実績や将来の予測などをもとにして，計画を作成する．
- 実施　Do —— 計画に沿って，業務を進める．
- 評価　Check —— 業務が，計画通り進んでいるか確認し，評価する．
- 改善　Act —— 計画通りに実施されていない部分を調べて，改善措置を行う．改善措置は，次の計画に反映する．

この計画—実施—評価—改善を繰り返し行うことにより，業務を継続的に改善していくものです．

2) リスクアセスメントの実施

リスクアセスメント(職場に潜んでいる危険性または有害性を特定し，その危険度を見積もり，低減を検討する)の実施とその結果にもとづく必要な措置の実施を推進します．

リスクアセスメントは，機械，設備，原材料などの新規設置，変更時などのほか，職場の安全衛生水準を継続的に向上させるために，毎年1回以上定期的に行い，危険性または有害性を見つけ出し，改善を図っていくことが重要です．

リスクアセスメントの実施は，このシステムの重要事項です．

3) 文書化

このシステムを適正に運用し，成果を上げるためには，
① 安全衛生方針
② 安全衛生目標
③ 安全衛生計画
④ 管理の役割と権限
⑤ 各種手順

について文書で定める．

を実施することとされています．

　また，システムの実施，運用，監査などに関し，必要な事項を記録して残すことも重要です．

　社会的に契約書が重んじられるヨーロッパと，どちらかといえば以心伝心で物事を処理してきたわが国との違いが，文書化という面に強く表れています．システムの実施，運用，監査などに関し，「必要な事項をすべて文書化する」ということに慣れる必要があります．

4) 全社的な推進

　労働安全衛生マネジメントシステムでは，事業者が安全衛生方針を表明し，事業者の指揮のもと，全社的に推進します．このような経営との一体化のもと，システム担当者の役割，責任及び権限を定め，システムを適正に運用する体制を整備します．

(2) 労働安全衛生マネジメントシステムの指針

厚生労働省は，1999年(平成11年)に「労働安全衛生マネジメントシステムに関する指針」を公表しました．この指針は，事業者が事業場において労働安全衛生マネジメントシステムを確立しようとするときに，必要な基本的事項を定め，労働者の協力のもとに行う自主的な安全衛生活動を促進し，事業場における安全衛生水準を向上させることを目的としています．

その構成の主なものを次に示します．

PDCAサイクルを回して実施する項目

① 安全衛生方針の表明．
② リスクアセスメントの実施．
③ 安全衛生目標の設定．
④ 安全衛生計画の作成(②及び③にもとづいて作成)．
⑤ 安全衛生計画の実施．
⑥ 安全衛生計画の実施状況などの日常的な点検・改善．
⑦ システムの監査．
⑧ システムの見直し．

PDCAサイクルを継続的に実施するための項目

① 体制の整備．
② システムに必要な手順化，文書化，記録．
③ 労働者の意見の反映．

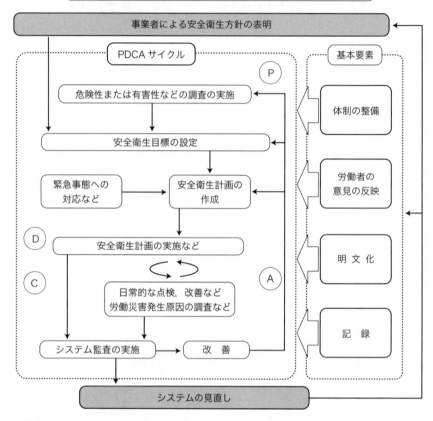

(出典) 厚生労働省の資料を元に作成.

11.3 労働安全衛生マネジメントシステムにおける監督者の役割

　労働安全衛生マネジメントシステムは，これまで進めてきた安全衛生管理を見直し，「体系化」，「明文化」，「システム化」したもので，事業所の安全衛生管理の基本となるものです．

このシステムは，これまでの安全衛生管理に，PDCA（計画―実施―評価―改善）サイクルを回すことを取り入れ，さらにリスクアセスメント（危険性または有害性の調査など）の実施を求めたものといえます．

したがって，労働安全衛生マネジメントシステムは，職場の第一線に立つ監督者の理解と積極的な参画，実行なしには，実施することができません．

(1) 労働安全衛生マネジメントシステムにおける監督者の立場と役割

監督者は，部下を直接指揮監督して作業に責任をもつ立場にあるので，自分で部下に命じた仕事については，部下の安全衛生を守る責務があります．監督者は，「自分の職場の安全衛生の状態を的確に把握し，仕事を進めるうえで，安全衛生に関する問題が発生しないようにしなければならない」のです．すなわち，自分の職場における労働安全衛生マネジメントシステムのPDCAを回すことを心がけるということです．

(2) 監督者が労働安全衛生マネジメントシステムを実行するために習得すべき事項

① 自分の職場の安全衛生実施計画を立て，確実に実施するためには，監督者自身が実施計画をよく把握して，部下に対して十分な説明と指導，教育を行うことが必要です．したがって，そのための知識と能力をもつことが望まれます．

② リスクアセスメントについての理解を深め，職場の危険性または有害性を常に把握して，そのリスクを見積もり，対策を検討し，適切な措置を取ることを心がけなければなりません．

③ 関係する安全衛生法令について，十分な知識を身につける必要があります．

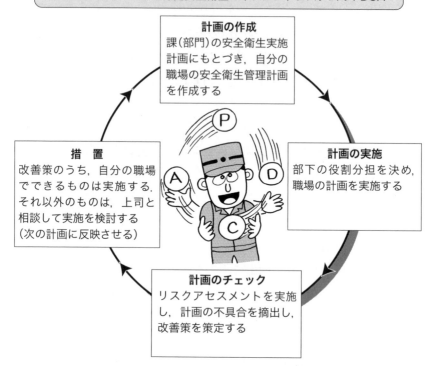

監督者の職場における労働安全衛生マネジメントシステムのPDCA

職場から出された改善措置については，まず安全衛生法令で決められていることであるのか，いないのかを見極めることが必要です．法令で定められている改善措置については，直ちに実施しなければなりません．

参考文献

1) 中央労働災害防止協会編:『安全衛生用語辞典』, 中央労働災害防止協会, 2005年.
2) 中央労働災害防止協会編:「職長の安全衛生テキスト」, 中央労働災害防止協会, 2017年.
3) 和田 攻編:『産業保健マニュアル』, 南山堂, 2001年.
4) 中央労働災害防止協会編:『労働衛生のしおり』, 中央労働災害防止協会, 2017年.
5) 大関 親:『新しい時代の安全管理のすべて』, 中央労働災害防止協会, 2007年.
6) 森田福男, 谷村冨男:『安全衛生の考え方進め方』, 日科技連出版社, 1981年.
7) 林 利成:『イラストでわかる 職長・安全衛生責任者の安全・監督能力向上テキスト』, 清文社, 2018年.

[著者紹介]

林　利成（はやし　としなり）
東京安全研究所　所長

　建設労務安全研究会の理事長をはじめ業界団体の安全衛生委員会の委員長を長年にわたり歴任して建設業の安全衛生管理の向上に尽くした．
　欧州，北米，東南アジアなど世界の数多くの建設現場を視察，見聞した実績に基づき，グローバルな見方で安全衛生管理についての提言，研究活動を幅広く行っている．また，東京安全研究所の所長として講演，研修の依頼を受け全国的に活躍中であり，業界団体の委員会活動や安全ビデオ制作，執筆など多方面で活躍中である．
　長年にわたる建設業の労務安全衛生の向上に寄与したことにより，厚生労働大臣功労賞，同雇用改善推進賞，国土交通大臣表彰など多くの表彰を受賞している．

[イラストでわかる]
職場のリスクをゼロにする　監督者の安全衛生管理【改訂版】

2009 年 11 月 30 日	初　版	第 1 刷発行
2014 年 8 月 8 日	初　版	第 2 刷発行
2018 年 10 月 23 日	改訂版	第 1 刷発行
2023 年 5 月 19 日	改訂版	第 2 刷発行

　　　　　　　　　　　　　　　　　著　者　林　　利　成
　　　　　　　　　　　　　　　　　発行人　戸　羽　節　文

検印省略

　　　　　　　　　　　発行所　株式会社 日科技連出版社
　　　　　　　　　　　　　〒151-0051　東京都渋谷区千駄ケ谷 5-15-5
　　　　　　　　　　　　　　　　　DS ビル
　　　　　　　　　　　　　　電話　出版 03-5379-1244
　　　　　　　　　　　　　　　　　営業 03-5379-1238

Printed in Japan　　　　印刷・製本　シナノパブリッシングプレス

© T. Hayashi 2009, 2018　　URL　http://www.juse-p.co.jp/
ISBN 978-4-8171-9654-5

本書の全部または一部を無断でコピー，スキャン，デジタル化などの複製をすることは著作権法上での例外を除き禁じられています．本書を代行業者等の第三者に依頼してスキャンやデジタル化することは，たとえ個人や家庭内での利用でも著作権法違反です．